WOLFGANG BITTNER, geboren 1941, lebt als freier Schriftsteller in Göttingen. Nach dem Abitur (auf dem zweiten Bildungsweg 1966) studierte er Rechtswissenschaft, Soziologie und Philosophie in Göttingen und München und promovierte 1972 über ein strafrechtliches Thema. Vor und während des Studiums arbeitete er in verschiedenen Berufen, u. a. als Fürsorgeangestellter.
Seit 1974 zahlreiche literarische, publizistische und wissenschaftliche Veröffentlichungen in Zeitungen, Zeitschriften, Anthologien und im Rundfunk; schreibt für Erwachsene und für Jugendliche und Kinder («Abhauen» und «Der Riese braucht Zahnersatz» u. a.); mehrere Literaturpreise.

Wolfgang Bittner

Weg vom Fenster

Im Heim gibt's kein Zuhause

Rowohlt

rororo rotfuchs

Herausgegeben von Renate Boldt und Gisela Krahl

11.–13. Tausend Oktober 1988

Veröffentlicht im Rowohlt Taschenbuch Verlag GmbH,
Reinbek bei Hamburg, August 1985
Mit freundlicher Genehmigung Verlag Huber Frauenfeld / Stuttgart

Umschlagfoto Thomas Henning
rotfuchs-comic Jan P. Schniebel

Umschlagtypographie Manfred Waller

Gesamtherstellung Clausen & Bosse, Leck
Printed in Germany
780-ISBN 3 499 20398 7

Eine Anmerkung zu diesem Buch

Es ist heute ein offenes Geheimnis, daß in den Strafvollzugsanstalten vielfach Menschen sitzen, die vorher Heimkinder waren. Fachleute schätzen den Anteil ehemaliger Heimkinder unter den Strafgefangenen auf mehr als fünfzig Prozent. Da gibt es also eine direkte Beziehung zwischen Heimerziehung und Straffälligkeit, eine Entwicklung, die «Knastlaufbahn» genannt werden könnte.
Man nimmt das zur Kenntnis, ohne sich über die Tragik solcher Schicksale im klaren zu sein. Auch die Ursachen dieser Kriminalität (über die dann in der Öffentlichkeit viel geklagt wird), die Lieblosigkeit in dieser Gesellschaft und nicht zuletzt auch die Struktur der meisten unserer Fürsorgeheime, werden immer wieder beschworen. Aber geändert hat sich lange nicht so viel, wie erforderlich und zu wünschen wäre.
Man kann natürlich als Autor mit einem Roman zu diesen Problemen nicht die große Wende oder gar eine Lösung herbeiführen; das wäre sicherlich eine Fehleinschätzung von Literatur und ihren Möglichkeiten. Aber die Hoffnung, daß Literatur in den Köpfen der Leser etwas bewirkt und daß diese Bewegung sich fortpflanzt, ist so abwegig wohl auch nicht. Insofern wünsche ich mir für dieses Buch wache Leser, die vielleicht sogar bereit sind, über die Lektüre hinaus Schlüsse zu ziehen und sich aktiv einzusetzen.
Die Anregung für den ersten Teil dieser Geschichte erhielt ich von Anni Bekker, die in Kaiserslautern als Lehrerin und Liedermacherin lebt. Für ihre mir zur Verfügung gestellten Aufzeichnungen tatsächlicher Geschehnisse möchte ich ihr an dieser Stelle nochmals herzlich danken, ebenso Tommy, Wolfgang und Peter.

Wolfgang Bittner

1

Das Summen des Motors wirkte einschläfernd. Wiesen mit saftigem Gras, Kornfelder, dunkelgrüner Wald, vorn die Asphaltdecke der Bundesstraße bis zur nächsten Kurve. Petra saß auf dem hinteren Sitz. Sie hatte sich in die Ecke hinter der Fahrerin zurückgezogen und vermied es, ihrem Blick im Rückspiegel zu begegnen. Ihre Tasche hielt sie auf dem Schoß, denn darin befand sich der kleine Stoffhase.

«Nicht jeder hat das Glück, in so ein schönes Kinderheim zu kommen wie du», sagte die Frau am Steuer. Sie erwartete keine Antwort von dem Mädchen, hatte es doch bis jetzt kein Wort zu ihr gesprochen, es schaute sie nicht einmal an, wenn sie etwas sagte. Manche dieser Kinder brauchten eben eine Weile, um wieder zu sich zu finden. Deswegen sprach die Frau in beruhigendem Ton weiter: «Das Haus liegt wunderschön, du wirst es sehen. Es hat einen großen Park mit herrlichen alten Bäumen, in denen die Vögel zwitschern. Wilde Kaninchen gibt es da und einen Spielplatz mit Schaukeln, einer Rutschbahn und Klettergerüsten. Man kann sich auch Bücher oder Spiele ausleihen, zum Beispiel «Mensch ärgere dich nicht» und «Halma». Es wird dir bestimmt gefallen, Petra, da bin ich ganz sicher.»

Das Mädchen hörte nur die Stimme der Frau. Was wollte die von ihr? Sie sprach so, als halte sie eine Rede, und das Auto war schwarz wie ein Beerdigungswagen. Petra streichelte ihren Stoffhasen und blickte zum Fenster hinaus. Aber sie nahm nichts von der Landschaft wahr und merkte auch nicht, daß jetzt schon die ersten Häuser der Stadt auftauchten, in die sie von der Sozialbeamtin gebracht werden sollte.

Gleich am Stadteingang bog der Wagen in eine stille Nebenstraße mit gartenumsäumten Einfamilienhäusern ein. Dann ging es eine Anhöhe hinauf. Die Straße führte an einer hohen Sandsteinmauer entlang, die von den Zweigen großer, alter Bäume überschattet wurde, bis vor ein wuchtiges Tor.

Die Beamtin stieg aus und läutete. Nach einer Weile wurde das Tor geöffnet, zuerst nur einen Spalt breit, dann ganz weit, damit das Auto hindurchfahren konnte. Sie hielten vor einem hell angestrichenen villenartigen Gebäude, zu dessen Eingangstür mehrere Stufen hinaufführten. Ein Mädchen in weißem Kittel zeigte ihnen den Weg zum Büro der Heimleiterin. Es nahm auch Petras Koffer, der nicht sehr schwer war. Die Tasche wollte Petra nicht hergeben; die hielt sie unter dem Arm an ihren Körper gepreßt.

Die Leiterin des Kinderheimes war eine ältere dicke Frau, die ihre grauen Haare zu einem Knoten zu-

sammengebunden trug, so als balanciere sie eine Zwiebel auf dem Kopf. Sie saß in einer Art Kittelschürze hinter ihrem Schreibtisch und schaute Petra, offenbar so freundlich sie konnte, durch eine starke Brille mit großen runden Gläsern an.
«Du bist also die Petra Leyendecker», sagte sie und streckte Petra die Hand hin. Doch Petra zog ruckartig beide Hände mit ihrer Tasche auf den Rücken und blickte an der Heimleiterin vorbei ins Leere.
«Da haben wir ja einiges zu erwarten», murmelte die Frau und gab ihrer inzwischen wieder ins Zimmer gekommenen Helferin die Anweisung, Petra nach oben zu bringen. «Alles Gute!» rief ihr die Sozialbeamtin noch hinterher. Aber Petra reagierte nicht darauf. Sie folgte der Helferin wie ein Hündchen an der Leine.
«Das scheint ein äußerst schwieriges Kind zu sein», meinte die Heimleiterin ernst, als sie mit der Sozialbeamtin allein war.
«Sie steht vermutlich noch unter Schockeinwirkung», erklärte die Beamtin. «Die Kleine saß hinter ihrem Vater, als er mit dem Auto verunglückte. Er liegt im Krankenhaus und wird wahrscheinlich nie mehr gehen können. Petra weiß das noch nicht, und ich mochte es ihr auch nicht sagen.»
«Das ist ja schlimm, aber eigentlich nichts Außergewöhnliches», meinte die Frau am Schreibtisch. «Sie ist doch immerhin schon zehn Jahre alt.»

Rasch überflog sie die Blätter einer dünnen Akte, die ihr die Sozialbeamtin mitgebracht hatte. Sie machte einen Vermerk auf dem vor ihr liegenden Schreiben, kniffte es sorgfältig in der Mitte, lochte es und heftete es ein.
«Es kommt hinzu, daß die Eltern geschieden sind», fuhr die Beamtin fort. «Die Mutter hatte die Familie wegen eines anderen Mannes verlassen und ist inzwischen wieder verheiratet; sie hat gerade Zwillinge geboren. Die Trennung wird wohl endgültig sein. Darunter dürfte das Kind am meisten leiden, denn es scheint sehr an der Mutter gehangen zu haben.»
Die Heimleiterin machte ein mißmutiges Gesicht. «Immer dasselbe», sagte sie. «Fast alle unsere Zöglinge leiden unter seelischen Störungen. Und wir müssen sehen, wie wir damit fertig werden.» Sie erhob sich hinter ihrem Schreibtisch, um die Besucherin an die Tür zu bringen. «Ich bin auch nicht mehr die Jüngste», seufzte sie. «Manchmal zerrt das ganz schön an den Nerven. Aber Sie kennen das sicherlich selber.»

2

«Ich bin Tante Sabine», sagte die Helferin, die Petra in ihr Zimmer geführt hatte. Sie öffnete den Koffer, um nachzusehen, ob außer Kleidung noch etwas darin wäre. Aber sie fand weiter nichts.
Das Zimmer hatte eine lustige Tapete, lauter kleine Drachen mit dicken Bäuchen und Fledermausflügeln. An jeder Längswand standen zwei weiß bezogene Betten und zwei Nachttische. Wie überall im Heim, blitzte es auch hier vor Sauberkeit. Nichts lag herum, alles war aufgeräumt, geordnet und einsortiert.
Als Petra zum Fenster hinausblickte, bemerkte sie ein Eichhörnchen, das von einem wippenden Tannenzweig neugierig herübersah. Es nahm die Bewegungen der Menschen wahr und brachte sich durch einen Sprung zum nächsten Ast wieder in Sicherheit. Einige Sekunden später lugte es vorsichtig hinter dem Baumstamm hervor.
Petra konnte sich darüber nicht freuen. Die Erlebnisse der letzten Zeit hatten sie für solche Empfindungen stumpf gemacht. So viele Kümmernisse und Ängste waren in ihr, daß für Freude kein Platz mehr blieb. Das hatte schon angefangen, als die Mutter noch bei ihnen war. Sie hatten eine Gastwirtschaft. Der Mann, der ihr die Mutter weggenommen hatte, war Stammgast im Lokal. Er

wohnte in der Nachbarschaft. Petra kannte ihn vom Ansehen. Sie mochte seine poltrige Fröhlichkeit nicht, sie schien ihr unecht und viel zu laut.
Immer öfter ging die Mutter tagsüber weg. Täglich gab es dann Streit mit dem Vater, bis die Mutter eines Tages überhaupt nicht mehr nach Hause kam.
Zuerst hofften Petra und ihr Vater immer noch, sie käme doch wieder zurück. Aber als die Zwillinge geboren wurden, gaben sie schließlich die Hoffnung auf.
Jetzt lag der Vater im Krankenhaus, und Petra war ganz allein. Nicht einmal besuchen durfte sie ihn, weil er so schwer verletzt war. Wie sollte sie sich da noch freuen können! Dauernd mußte sie daran denken. Sie hatten zusammen eine Ferienreise in den Schwarzwald gemacht, und auf der Heimfahrt war es passiert. Hätte sie neben ihrem Vater gesessen und nicht hinter ihm, wäre sie wahrscheinlich tot gewesen.
«Tot sein ist vielleicht besser, als so traurig sein», dachte sie manchmal. Wenn sie wenigstens ihr Hündchen Schnuckel hätte behalten dürfen, das ihr der Vater geschenkt hatte, nachdem die Mutter fortgegangen war. Nun mußte der arme Kerl im Tierheim sitzen und war bestimmt genau so krank vor Traurigkeit wie sie selbst.
Die Helferin, Tante Sabine, hatte ein paar Sachen in den Schrank neben der Tür geräumt, den Rest in

einen der Nachttische. «Frau Schrader, unsere Heimleiterin, achtet sehr auf Ordnung», erklärte sie. «Daran mußt du dich gewöhnen. Und an Sauberkeit natürlich auch.» Sie wandte sich zur Tür und fügte hinzu: «Aber das brauche ich wohl nicht besonders zu betonen.»

Petra stand noch immer mitten im Zimmer und sagte nichts. Sie blickte auf das Fenster.

«Nun leg doch endlich deine Tasche weg», sagte das Mädchen. «Was ist eigentlich darin?» Als sie nach der Tasche greifen wollte, wich ihr Petra aus und stellte sich an die Wand neben dem Fenster.

Die Helferin ging zurück zur Tür. «Na, dann eben nicht», sagte sie. «Komm, ich will dir noch die Toilette und den Duschraum zeigen.» Aber Petra reagierte nicht. Da verließ die Helferin achselzuckend das Zimmer.

Im Laufe des Nachmittags wurden weitere Kinder ins Heim gebracht. Die großen Ferien waren vorbei. Zum Abendessen saßen etwa zwanzig Kinder, die man hier auch Zöglinge nannte, an zwei langen Tischen im Speisesaal. An einem dritten, kleineren Tisch saß die Heimleiterin mit ihren vier Helferinnen.

Obwohl Petra mit niemandem sprach, nahm sie genau wahr, was um sie herum geschah. Daß man sich bei Tisch nicht unterhalten durfte, war ihr gerade recht. Es gab Brote mit Leberwurst und mit

Quark, dazu Pfefferminztee. Ihr schräg gegenüber saß ein Junge, der immer wieder versuchte, heimlich mit seinem Nachbarn zu tuscheln.
«Werner!» rief auf einmal die Heimleiterin. «Immer der Werner!» Er schnitt nur eine Grimasse und stopfte sich ein Leberwurstbrot in den Mund.
Um sieben Uhr mußten die Kinder ins Bett. Vorher mußten sie sich waschen und die Zähne putzen. Die anderen Mädchen in Petras Zimmer drängten sich zu dritt ans Waschbecken. Erst als sie fertig waren, begann Petra sich ebenfalls auszuziehen.
«Beeil dich!» rief Renate ihr zu, «um halb acht müssen alle in der Klappe liegen!» Petra antwortete nicht, auch nicht, als kurz darauf eine Helferin den Kopf zur Tür hineinstreckte und sie zur Eile ermahnte.
Später lag sie zur Wand gekehrt in ihrem Bett und tat als schliefe sie, während die anderen noch miteinander flüsterten. Sie dachte an ihren Vater, der im Krankenhaus lag, an ihr Hündchen im Tierheim und auch an ihre Mutter, die jetzt nicht mehr ihre Mutter war. Das kam ihr alles so wirr vor. Ein bißchen mußte sie immer wieder weinen. Damit die anderen es nicht merkten, zog sie sich ihre Bettdecke über den Kopf. Den Stoffhasen neben sich, schlief sie, als alles schon lange still war, endlich ein.

3

Zum Frühstück gab es einen Suppenteller voll Haferflockenbrei. Petra aß ihn mit Widerwillen, denn er war fast ungesüßt, voller Klümpchen und mit Haut. Sie kaute ununterbrochen, aber der Brei im Mund wurde immer mehr. «Schmeckt wie Omas Arm», flüsterte Renate und verzog ihr Gesicht. Sie saß neben Petra am Tisch. Schräg gegenüber machte Werner wieder seine Faxen und versuchte mit den Nachbarn zu tuscheln, bis die Heimleiterin ihn erneut zur Ordnung rief.
Endlich wurde der Teller doch leer. Da trat plötzlich eine Helferin mit Topf und Schöpflöffel an den Tisch, um Petras Teller ein zweites Mal zu füllen. Sie wollte nichts mehr und hielt die Hände ausgestreckt über ihren Teller. Sprechen wollte sie ja nicht mit denen.
«Dumme Göre!» schimpfte die Helferin und zog den Teller zu sich heran. Sie schlug Petra auf die Finger. «Nimm die Pfoten weg, bei uns ißt jeder zwei Teller Brei!» Der Brei quoll fast über den Tellerrand. «Und was du jetzt nicht ißt, bekommst du heute Mittag als Vorspeise kalt serviert, mein Fräulein! Verstanden?»
Stumm ließ Petra die Schimpfkanonade über sich ergehen. Sie schaute an der Helferin vorbei, die sie aufgebracht anfuhr: «Mach jetzt und iß!» Doch Pe-

tra rührte sich nicht, bis sie aufgefordert wurde, zur Schule zu gehen.
Heute, am ersten Tag, kam eine Helferin mit, um Petra beim Rektor der Schule anzumelden. Sie gingen den Hügel hinunter, durch die Straße mit den Vorgärten und kamen an Kirche und Pfarrhaus vorbei, wo im Garten schon die Augustäpfel reif wurden. «Hast du alles eingesteckt?» fragte die Helferin.
Petra antwortete nicht. Was sollte sie denn alles eingesteckt haben? In ihrer Tasche befand sich nichts als die Schreibmappe, ihr Stoffhase und ein paar Photos, auf denen sie mit ihrem Vater oder der Mutter abgebildet war. Damals hatten sie noch alle zusammen gewohnt und waren eine richtige Familie. Daran mußte Petra dauernd denken, den ganzen Weg lang.
Auf einmal rief ihre Begleiterin: «Du Lausebengel! Untersteh dich, dem Herrn Pfarrer die Äpfel zu stehlen!» Am Eingangstor zum Pfarrgarten stand Werner, die Hand schon an der Türklinke. Er drehte sich erschreckt um und flüchtete dann die Straße hinunter. «Dieser Nichtsnutz», schimpfte die Helferin, «der hat den ganzen Tag nur Unsinn im Kopf. Vor dem mußt du dich vorsehen.»
Werner war schon länger im Heim und hatte auch die Ferien dort verbringen müssen. Manche seiner Schandtaten erzählten sich die Helferinnen nur

hinter vorgehaltener Hand. Zum Beispiel hatte er eine Woche zuvor einigen kleineren Jungen ein Spiel eingeredet, das sie dann auch gleich ausprobierten.

«Ich bin der Brandstifter», hatte Werner bestimmt, «und ihr seid die Feuerwehr. Rainer sieht den Brand und ruft laut «Feuer!». Dann kommen alle mit Tatütata angerast, reißen die Schläuche heraus und beginnen zu löschen. Das ist gar nicht schwer, das kann jeder: Ihr pinkelt einfach in die Flammen.»

Während der Mittagsruhe hatte er heimlich den Papierkorb von Frau Schrader, der Heimleiterin, aus dem Büro geholt und auf dem Hof versteckt. Nachdem die «Feuerwehrmänner» dann in der Spielstunde in Bereitschaftsstellung gegangen waren, hatte Werner den Inhalt des Papierkorbes angesteckt, und Rainer hatte laut «Feuer!» gebrüllt. Die Feuerwehr war angerückt, aber ihr Wasser hatte natürlich zum Löschen nicht ausgereicht. Der Korb war verbrannt, und Werners Vater bekam eine Rechnung über zwanzig Mark zugeschickt.

Ein anderes Mal hatte Werner Frau Schrader einen solchen Schrecken eingejagt, daß sie mehrere Tage brauchte, um sich davon zu erholen. Er hatte die hintere Stoßstange ihres Autos mit einem Seil an einem Baum festgebunden. Als Frau Schrader wegfahren wollte, hatte es nach einigen Metern zuerst einen heftigen Ruck, dann einen Krach gegeben, danach war das Auto wieder frei gewesen. Aber die Stoßstange hatte an dem Seil gehangen, denn der Baum war recht dick und das Seil von guter Qualität. Damals hätte Werner eigentlich aus dem Heim gewiesen werden sollen. Bleiben durfte er schließlich nur, weil sich der Pfarrer für ihn eingesetzt hatte.

Kurz vor der Schule holten sie Werner wieder ein. Er pfiff leise vor sich hin und machte ein Gesicht, als könne er kein Wässerchen trüben. Noch bevor die Helferin etwas sagen konnte, rief er: «Ich habe in dem Garten eine Katze gesehen, die einen Vogel fangen wollte! Der hab ich's aber gegeben! Das war nämlich ein Singvogel, einer der Schädlinge frißt und sich nützlich macht!»

Die Helferin lachte, obwohl sie ihm natürlich nicht glaubte. «Wenn du Äpfel klaust, sagt es der Herr Pfarrer dem lieben Gott», drohte sie, und Werner schien sich tatsächlich Gedanken darüber zu machen, was der liebe Gott mit den Äpfeln des Pfarrers zu tun hatte. Nachdenklich betrat er den Schulhof.

4

Der Schulleiter bestimmte, daß Petra in die fünfte Klasse zu Herrn Christmann kam. Die Begleiterin führte das Kind zu seinem neuen Klassenlehrer, dem sie vorsorglich einen Zettel mit Petras Namen und Geburtsdatum gab. Petra setzte sich in die hinterste Bank, wo noch Plätze frei waren.

«Sie ist ein schwieriges Kind», sagte die Helferin zu Herrn Christmann, der aber nicht weiter darauf einging. Daher verabschiedete sich die Helferin gleich wieder, um zum Heim zurückzugehen.

Als erstes trug Herr Christmann die Namen seiner Schüler alphabetisch in eine Liste ein. Der Reihe nach wurden die Kinder aufgerufen, um Namen, Beruf und Adresse ihrer Eltern anzugeben. Der Lehrer verglich diese Angaben mit denen im Schülerbogen. Bei den Heimkindern schrieb er anstelle der Eltern die Adresse des Heimes auf. Mit Petra waren Werner und Renate in derselben Klasse.

Von Petra hatte Herr Christmann noch keinen Schülerbogen. Damit er ihn anfordern konnte, fragte er das Mädchen: «Petra Leyendecker, wo bist du zuletzt zur Schule gegangen?» Aber Petra antwortete nicht. Sie wandte stumm den Kopf zur Seite und schaute zum Fenster hinaus, schräg nach oben, als gäbe es im blauen Himmel einen Punkt, an dem sie sich festhalten konnte.

Der Lehrer wiederholte seine Frage, erhielt jedoch immer noch keine Antwort. Ihm fiel ein, was die Erzieherin gesagt hatte. Vielleicht war dieses hagere Mädchen Petra Leyendecker, mit den großen dunklen Augen und dem schwarzen Ponyhaar, geistig nicht normal. Warum schickte man es dann aber in eine Hauptschule, noch dazu in seine Klasse, und nicht in eine Sonderschule?
«Immer der Ärger mit diesen Heimkindern», murmelte er vor sich hin, nahm einen Schluck aus seiner Mineralwasserflasche und begann, die bedürftigen Schüler aufzuschreiben, die ihre Bücher umsonst von der Bücherei bekamen. Nur wer sich meldete, wurde notiert. Werner und Renate waren dabei, nur Petra nicht, denn sie sagte keinen Ton, und da vergaß Herr Christmann sie aufzuschreiben. Also bekam sie keine Bücher.
Da Petra sich ruhig verhielt und den Unterricht der folgenden Stunden in keiner Weise störte, verzichtete Herr Christmann darauf, sie an eine Sonderschule zu überweisen, obwohl er das vorgehabt hatte. Woher sollte er auch wissen, daß Petra eine hervorragende Schülerin war und erstklassige Noten in ihren Zeugnissen vorweisen konnte? Das Mädchen hatte ihm auch nicht verraten, wo es zuletzt zur Schule gegangen war, so daß er nicht einmal seine Schülerpapiere beschaffen konnte. Natürlich hätte sich der Lehrer bei der Heimleiterin

erkundigen können, die Unterlagen des Sozialamtes vorliegen hatte. Aber das war ihm zu umständlich. Der Papierkram nahm ohnehin laufend zu, man kam sich schon vor wie ein Buchhalter.
Außerdem hatte Herr Christmann wichtigeres im Kopf. Er wollte sich gerade, zum zweitenmal in seiner Laufbahn, um die Stelle des Konrektors bewerben. Deswegen hatte er die Aufstellung der Stundenpläne für die gesamte Schule übernommen, und jetzt kamen die ersten Beschwerden der Lehrkräfte, mit denen sich Herr Christmann auseinanderzusetzen hatte.
Daneben war er auch für die Schulbücherei zuständig. Er hatte gedacht, wenn er sich unentbehrlich machte, würde er die Stelle als Konrektor am ehesten bekommen. Jetzt mußte eine größere Anzahl neu angeschaffter Bücher registriert und einsortiert werden. Auch diese Arbeit hatte er zusätzlich zu leisten. Für die Schüler seiner Klasse blieb ihm daher außerhalb der Schulstunden kaum noch Zeit.
Kurz vor Unterrichtsschluß verkündete Herr Christmann seiner Klasse: «Morgen früh um acht Uhr ist Schuljahreröffnungsgottesdienst!» Er wies darauf hin, daß die Schüler verpflichtet seien zu kommen und hielt sie alle zu Pünktlichkeit an. Darum hatte ihn der Pfarrer gebeten.
Werner, der die Verwarnung der Erzieherin inzwi-

schen schon wieder vergessen hatte, begann bei dem Stichwort «Gottesdienst» zu überlegen. Alle Schüler und alle Lehrer würden morgen eine Stunde lang in der Kirche sein, beten und singen. Auch der Pfarrer würde in der Kirche sein und predigen.
«Es könnte doch vorkommen, daß einem Schüler während des Gottesdienstes schlecht wird», dachte Werner. Warum sollte nicht er dieser Schüler sein? Er müßte hinausgehen an die frische Luft. Das kam ja vor. Dabei würde er, durch Zufall, am Pfarrgarten vorbeikommen, denn dort war die Luft am besten. Konnte ihm jemand verübeln, daß er bei dieser Gelegenheit die schönen reifen Äpfel erntete, die dort hingen? Er würde sie zum Kinderheim bringen und an der äußeren Mauer vergraben. Dann hätte er auf dem Schulweg immer etwas zu essen.

5

Beim Eintritt in die Kirche erhielt jeder ein Blatt. Darauf standen lange Gebete, die der Pfarrer mit den Schülern sprechen wollte.
«So ein Affentheater», dachte Werner. Gleich zu Beginn der Messe verdrückte er sich bei passender Gelegenheit. Inzwischen begann der Pfarrer mit

den Schülern zu beten: «Große Schuld lastet auf euch. Aber Gott wird euch retten.»
Die Schüler wiederholten: «Große Schuld lastet auf *uns.* Aber Gott wird *uns* retten.»
Der Pfarrer fuhr fort: «Er läßt euch niemals verloren gehen. Spürt die Erfrischung für euer Dürsten! Spürt seine Worte wie Morgentau. Gott rettet euch alle!»
Die Schüler wiederholten das Gebet entsprechend dem Text auf ihrem Blatt, und der Pfarrer begann erneut: «Er gibt euch Urlaub aus dem großen Hasten! Gott weist euch den Weg, sein Wort macht euch frei. Gott ist der Vater, er rettet euch. Seht das Licht über dem Weg. Ihr seid nicht allein in der Finsternis. Gott hält euch die Treue. Sein Wort macht euch die Augen hell ...»
Werner hörte die Gebete von weitem. Ihm schien das Gemurmel aus einer anderen Welt zu kommen. Es drang von der Kirche hinüber in den Pfarrgarten, wo er gerade die Äpfel stahl.
Petra sprach die Gebete nicht mit. Warum war sie jetzt in einem Heim? Warum durfte sie nicht zu ihrem Vater in das Krankenhaus? Alle Menschen, die sie kennenlernte, waren ihr feindlich gesinnt – das jedenfalls meinte sie zu spüren. Sie fühlte sich verlassen. Alles was sie tun konnte, war schweigen. Sollten die andern nur reden, sie schwieg. Das hatte sie sich fest vorgenommen.

Werner hatte andere Probleme. Nachdem er seine Äpfel geerntet und eingegraben hatte, ging er zurück zur Kirche. Dort bemerkte er einen Mann mit weißer Mütze und weißem Kittel, der sich mit einem Eiswagen in der Nähe des Ausgangs aufstellte. Er wollte das Ende des Gottesdienstes abwarten, um dann mit einer Glocke die Kinder auf sein Eis aufmerksam zu machen. Werner fand, daß er jetzt dringend Geld benötigte. Aber woher nehmen und nicht stehlen?
«Warum eigentlich nicht stehlen?» dachte er. Andere Kinder bekamen von ihren Eltern Geld für Eis. Die Heimkinder konnten sich niemals Eis kaufen. Das war nicht richtig. Er bekam nicht einmal Taschengeld. Das war ungerecht. Oder etwa nicht? Woher konnte er fünfzig Pfennig für ein Eis bekommen? Er stand am Eingang des Friedhofs und überlegte. Da sah er eine alte Frau mit einer Einkaufstasche und einer großen Gießkanne auf den Friedhof zukommen. Kurzentschlossen gesellte er sich an ihre Seite.
«Guten Morgen», grüßte er höflich. «Darf ich Ihnen die Gießkanne tragen?»
«Hast du denn keine Schule, Bürschchen?» fragte die Frau mißtrauisch.
Werner lachte sie freundlich an. Durch solche Fragen ließ er sich nicht in Verlegenheit bringen. «Heute ist doch Eröffnungsgottesdienst», antwor-

tete er. «Mir ist schlecht geworden, da bin ich schon etwas früher hinausgegangen.»
Das überzeugte die alte Frau, und sie freute sich über seine Hilfsbereitschaft. «Du könntest mir gleich eine Kanne Wasser holen», meinte sie, und reichte Werner die Gießkanne. «Der Wasseranschluß ist dort hinten.»
Bei einem kurzen Blick in die offene Einkaufstasche hatte Werner gesehen, was er wollte. Er ging die Kanne füllen. Während das Wasser einlief, beobachtete er, wie die Frau ihre Einkaufstasche hinter einen Grabstein stellte und anfing, das Unkraut zu jäten, das sich zwischen den Zierpflanzen breitgemacht hatte.
«Gut, daß ich mich heute bei der Wärme nicht so anstrengen muß!» rief sie dem Jungen entgegen, der mit der vollen Kanne ankam und die Blumen und Zierpflanzen zu begießen begann.
Das Grab war sehr gepflegt. Es gab viel zu gießen. Werner mußte noch eine zweite Kanne herbeischleppen. Danach hätte er eine Verschnaufpause verdient, meinte die alte Frau. Er tat, als müsse er austreten und schlenderte wie zufällig hinter dem Grabstein vorbei. Ein Griff genügte, schon hatte er das Portemonnaie in der Hand. In einiger Entfernung schaute er hinter einem Baum hinein. Einen Zwanzigmarkschein ließ er stecken, das glänzende Fünfmarkstück aber wechselte den Besitzer. Auf

dem Rückweg ließ er das Portemonnaie unbemerkt in die Einkaufstasche zurückgleiten.
Nachdem er noch eine dritte Kanne Wasser geholt hatte, verabschiedete sich Werner von der Frau, die sich wortreich bedankte.
Im Laufschritt eilte er zurück. Eben ging der Gottesdienst zu Ende, die Kirchentür wurde weit geöffnet und die Kinder strömten heraus. Viele rannten, wie Werner, auf den Eismann zu. Werner war der erste. «Für eine Mark», sagte er und mußte schlucken, soviel Wasser war ihm im Mund zusammengelaufen. Der Eismann füllte einen Pappbecher mit Schokoladen-, Himbeer- und Vanilleeis.

6

Auch im Fach Religion, das Pfarrer Scholz gab, beteiligte sich Petra nicht am Unterricht. Sie saß nur still da. Der Pfarrer war zugleich Aufsichtsperson für das Kinderheim und hatte vom Unglück des Mädchens erfahren. Er überlegte, welche Lehren aus dem Katechismus dem Kind helfen könnten.
«Wenn sie auch nicht spricht», dachte er, «hört sie doch zu und macht sich ihre Gedanken über das Gehörte.» Deshalb sprach er über das Leid, das die Menschen heimsucht, und ließ den Katechismus

aufschlagen. Petra hörte tatsächlich zu, als ihre Klassenkameraden lasen: «Gott führt uns durch das Leid zum Heil. Er läßt Leid über uns kommen, um uns zu läutern. Bei allem hat Gott eine heilige Absicht, auch wenn wir sie nicht verstehen. Wer das von Gott geschickte Leid demütig erträgt, der kommt in den Himmel.»

«Warum haben aber nur mein Papa und ich so großes Leid zu tragen?» fragte sich Petra. «Warum nicht auch die anderen?»

«Gott will uns durch das Leid dazu führen, daß wir uns vom Bösen abwenden», hörte sie weiter. «Das Leid kann eine heilsame Strafe sein, durch die wir zur Erkenntnis unserer Schuld gelangen.»

«Was für eine Schuld?» dachte sie. Als ob ausgerechnet sie dieses große Leid verdient hätte! War sie denn so viel böser als andere Kinder? Was hatte sie denn getan?

«Ich habe dem neuen Mann von Mutter Böses gewünscht», erinnerte sie sich. Hing ihr Unglück vielleicht damit zusammen? Petra wurde etwas unsicher. Aber hätte nicht eher dieser Kerl den Autounfall verdient als ihr Papa?

Im Gegensatz zu Petra beteiligte sich Werner rege am Unterricht. Hausaufgaben machte er allerdings nur selten. Manchmal schrieb er sie morgens in der Schule schnell von seinem Nachbarn ab. Das ging gut, weil Herr Christmann oft zu spät kam.

Diesmal hatten sie einen Hausaufsatz schreiben sollen. Das Thema hieß: «Ein schönes Wochenende.» Daran hatte Werner, obwohl zwei Tage Zeit gegeben war, keine Gedanken verschwendet. Jetzt saß er in der Klemme. Abschreiben konnte er natürlich nicht, weil der Lehrer sonst zweimal den gleichen Aufsatz bekommen hätte. Werner mußte sich etwas anderes einfallen lassen, denn vor Herrn Christmann hatte er zwar keinen Respekt, aber Angst.
Der Lehrer war ihm unheimlich. Er sah einen immer so komisch an, als ob er einen gar nicht wahrnehme. Und wenn er wütend wurde, fing er an zu brüllen, ein paarmal hatte er sogar Ohrfeigen verteilt. Wenn man das im Kinderheim erzählte, wurde man noch zusätzlich ausgeschimpft.
Werner war morgens mit schmerzverzerrtem Gesicht zu einer Erzieherin gegangen, um seinen angeblich verstauchten Fuß bandagieren zu lassen. Sein Hinken war so echt gewesen, daß ihm die Heimleiterin eigenhändig den Verband angelegt hatte. Kaum war Werner aus dem Kinderheim, hatte er sich hinter dem Busch, wo er seinen Apfelvorrat versteckt hielt, die Binde vom Fuß gewickelt und seine rechte Hand damit verbunden. Da machte sie sich besonders gut, fand er.
«Ich habe die Hand verstaucht», erklärte er Herrn Christmann, als dieser die Aufsätze einsammelte.

Dagegen konnte der Lehrer nichts sagen. Er murmelte nur etwas vor sich hin, das so klang wie: «Du wirst dir noch einmal den Hals brechen, Bursche.»
Auf dem Heimweg legte Werner die Binde wieder um seinen Fuß. Er mußte überlegen, welchen Fuß er eigentlich verstaucht hatte; ganz sicher war er nicht, ob er wirklich denselben bandagiert hatte wie am Morgen die Heimleiterin. Es ging jedoch alles gut.
Immerhin verschonte ihn sein Einfall acht Tage lang vor jeglicher Schreibarbeit. Nicht einmal Renate, die eine Plaudertasche war, hatte ihn verraten. Doch dann wollte der Zufall, daß Herr Christmann während einer Pause sah, wie Werner mit seiner verbundenen Hand, zum Ergötzen der anderen Schüler, Fingerhakeln spielte.
«Wenn du so weitermachst», sagte Herr Christmann wütend, «bleibst du sitzen, das verspreche ich dir.»
Sitzenbleiben wollte Werner nicht. Er bemühe sich, ein besserer Schüler zu werden und nichts mehr anzustellen. Doch in der Woche darauf machte er eine Entdeckung: Er stellte fest, daß in der Flasche, aus der Herr Christmann manchmal einen Schluck nahm und die stets griffbereit unten in seinem Pult stand, kein Mineralwasser, sondern Schnaps war. Ihm war schon lange aufgefallen, daß dieses «Wasser» niemals sprudelte.

«Vielleicht trinkt er Leitungswasser», hatte er gedacht. Er war immer neugieriger geworden, und in einem unbemerkten Augenblick hatte er an der Flasche gerochen. Das war eine Überraschung! Aufgeregt rief er die Klassenkameraden heran, und jeder wollte an der Flasche riechen.
Herr Christmann konnte sich nicht erklären, warum seine Schüler an diesem Tag so unruhig waren, als hätten sie Ameisen in den Hosen und mehr als sonst tuschelten und kicherten. «Vielleicht liegt es am Wetter», dachte er, und trank gelegentlich einen kleinen Schluck aus seiner Flasche. Dann kam die große Pause, und auf dem Schulhof scharten sich alle um Werner.
«Ich habe eine Idee», verkündete er. «Wir füllen Leitungswasser in die Flasche. Das dumme Gesicht von dem Christmann möchte ich sehen!» Alle waren von dem Plan begeistert. Es galt nur, den richtigen Augenblick abzuwarten.
Unbeabsichtigt führte Werner diese Gelegenheit selber herbei, als er in der nächsten Pause auf der Toilette heimlich eine Zigarette rauchte. Sie stammte aus der Packung von Herrn Christmann, der seine Zigaretten häufig offen liegen ließ.
Der Aufsicht führende Lehrer entdeckte Werner. Weil es nicht das erste Mal war, daß ein Schüler beim Rauchen erwischt wurde, rief der Rektor alle Lehrer zu einer kurzen Besprechung zusammen.

Herr Christmann gab seiner Klasse daher einige Mathematikaufgaben. Kaum hatte er den Raum verlassen, holte Werner die Mineralwasserflasche aus dem Pult.
«Wohin mit dem Schnaps?» fragte er und blickte sich um. «Den saufen wir!» rief jemand, und sofort stürzten sich einige auf die Flasche und ließen sie kreisen, bis kein Tropfen mehr darin war. Dann füllten sie genau soviel Wasser hinein, wie vorher Schnaps darin gewesen war.
Zur gleichen Zeit ging es im Lehrerzimmer hoch her; selten hatte eine so hitzige Diskussion stattgefunden. Das Kollegium spaltete sich in zwei Lager: In die Raucher und in die Nichtraucher.
«Sie rauchen selber wie ein Schlot», warf Frau Mahler, die Nichtraucherin war, Herrn Christmann vor, «und wundern sich, daß Ihnen die Schüler nacheifern!»
Herr Christmann war empört. «Wollen Sie mir etwa das Rauchen verbieten?!» fragte er erbost mit lauter Stimme.
Der Rektor, ein Raucher, versuchte mit einem lateinischen Sinnspruch zu vermitteln: «Quod licet Iovi, non licet bovi!» meinte er. Das klang recht gut, mußte aber, weil es kaum jemand verstand, übersetzt werden: «Was einem Gott erlaubt ist, darf der Ochse noch lange nicht.»
Frau Mahler reagierte aufgebracht. «Wollen Sie

damit unterstellen», rief sie, «daß Lehrer Götter sind und Schüler Ochsen?»
Alles lachte, und dieses Lachen reinigte ein wenig die Luft. Aber zu wesentlichen Beschlüssen kam man nicht mehr.
Um seinen Ärger über Frau Mahler hinunterzuspülen, nahm Herr Christmann bei der Rückkehr in das Klassenzimmer einen kräftigen Schluck aus seiner Flasche. Die Kinder hielten den Atem an. Sie registrierten, wie er die Augen aufriß und mit offenem Mund nach Luft schnappte, als sei er ein auf das Land geworfener Fisch.
Keiner sagte etwas. Die Schüler hatten ausgemacht, sich nichts anmerken zu lassen und taten, als dächten sie angestrengt über die Lösung ihrer Mathematikaufgabe nach.
Was würde Herr Christmann tun? Offenbar wußte er selber nicht, wie er sich verhalten sollte. Daß hier kein Wunder geschehen war, wie es in der Bibel stand, nur umgekehrt, war eindeutig; weder aus Wein noch aus Schnaps konnte von allein Wasser werden.
Die Vernunft gebot ihm, zu schweigen, so zu tun, als tränke er immer nur Wasser aus seiner Flasche. Aber innerlich begann er zu kochen. Und irgendwo war auch Angst, die sich aus der Abhängigkeit vom Alkohol ergab.

7

Er mußte sich etwas einfallen lassen. Die Flasche durfte nicht mehr im Pult untergebracht werden, nachdem die Kinder ihren wahren Inhalt kannten. Lehrer Christmann beschloß, sie in seinem Auto zu deponieren. «Es wird natürlich umständlich sein, jedesmal zum Parkplatz zu laufen», dachte er. Aber ihm blieb keine Wahl. Er konnte auf den Alkohol nicht mehr verzichten.
Alkohol war für ihn der einzig wirksame Trost dafür, daß er beruflich keine Karriere gemacht hatte. Nicht einmal Konrektor war er bisher geworden. Auch diesmal schien es wieder, als würde ihm ein anderer vorgezogen. Jedenfalls glaubte er, das einigen Bemerkungen des Schulrats entnehmen zu können.
Der Lehrerberuf war ihm eine Last geworden, ein notwendiges Übel zum Geldverdienen. Was sollte er sonst machen? Voller Widerwillen betrat Herr Christmann jeden Morgen die Schule. Nicht, daß es ihm schwergefallen wäre, den Stoff durchzunehmen; den hatte er seit Jahren parat. Ihm graute vor den ungezogenen Kindern, die ihn ununterbrochen ärgerten und seinen Unterricht störten. Überspitzt ausgedrückt, hätte Herr Christmann seinen Unterricht am liebsten ohne die Schüler gemacht. Auch mit Kollegen hatte er immer wieder Ausein-

andersetzungen: Besonders mit Frau Mahler, die dauernd meinte, ihn bevormunden oder irgendwelche Schüler in Schutz nehmen zu müssen, statt sich um ihre eigenen Angelegenheiten zu kümmern. Diese Frau ging ihm auf die Nerven. Alkohol war das einzige Mittel dagegen.

Vor kurzem hatte sie ihm vorgehalten, er kümmere sich zu wenig um die Heimkinder. Dabei setzte er sich mit diesem Werner jeden Tag, jede Stunde, beinahe ununterbrochen, auseinander. Dieser Junge war eine Plage, eine Krankheit! Für den hätte man die Prügelstrafe wieder einführen müssen. So wenigstens dachte Lehrer Christmann.

Zu Hause ging es nicht besser. Er mußte sich den ganzen Tag die Nörgeleien seiner Frau anhören. Ausgehen durfte er nur, wenn sie es ihm erlaubte. Außerdem war sie so knauserig mit seinem Taschengeld, daß er sich oft nicht einmal ein Glas Wein leisten konnte.

«Mein Leben ist verpfuscht», sagte er sich oft. Täglich warf er sich wieder vor, den Lehrerberuf ergriffen und diese Frau geheiratet zu haben. Ihm half nur noch ein Schluck aus der Flasche. Warum war er nicht ledig geblieben und Musiker geworden, wie er es früher vorgehabt hatte. Er spielte vortrefflich Geige, und gute Geiger waren mehr denn je gefragt.

Er hatte wirklich hervorragend gespielt, als er re-

gelmäßig mit dem Orchester des Gymnasiums übte und nebenher Musikunterricht erteilte. Damit hatte er sogar noch etwas Geld verdient, von dem seine Frau nichts wußte. Aber das war einige Jahre her. Heute wollte keiner mehr Violine lernen, heute machte die Jugend Radau statt Musik. Lehrer Christmann hatte seine eigenen Vorstellungen entwickelt, die er für richtig hielt und von denen ihn niemand hätte abbringen können.
In dieser Hinsicht war er mit dem Pfarrer einer Meinung. Auch Pfarrer Scholz beklagte sich über die Verwahrlosung der Jugend und den allgemeinen Verfall der Sitten. Jedesmal wenn der Pfarrer im Lehrerzimmer erschien, steckten sie die Köpfe zusammen und berichteten einander von neuen Anzeichen dieses schleichenden Sittenverfalls und der fortschreitenden Verwahrlosung der Jugend. Ein anderes Thema ihrer gelegentlichen Erörterungen war die klassische Musik.
«Wir könnten doch einen musikalischen Akzent setzen», schlug der Pfarrer eines Tages vor.
«Wie meinen?» fragte Herr Christmann. Er vermied einerseits, den Pfarrer «Hochwürden» zu nennen, wie es manche seiner Kollegen – mehr oder weniger ernsthaft – taten; andererseits mochte er ihn aber nicht einfach mit «Sie» anreden, weshalb er die Anrede einfach wegließ.
Der Pfarrer ging aus sich heraus, als er seinen Plan

zu entwickeln begann: «Wissen Sie, mir schwebt eine aufsehenerregende Veranstaltung vor. Sie spielen Geige und ich Altflöte, wir spielen beide – sagen wir es einmal mit der gebotenen Zurückhaltung – nicht schlecht, da ließe sich doch etwas machen.» Herr Christmann war von diesem Vorhaben begeistert, zumal der Pfarrer für das Konzert die Kirche zur Verfügung stellen wollte. Das war ein öffentlicher Auftritt, und öffentlich auftreten wollte Herr Christmann schon immer einmal. Wahrscheinlich käme sogar die Presse, er würde zusammen mit dem Pfarrer in der Zeitung stehen, womöglich mit einem großen Photo, wie es bei den Schützenfesten üblich war. Alle Kollegen und Bekannten würden staunen, seine Frau am meisten.
An diesem Abend machte sich Lehrer Christmann, die Geige unter dem Arm, auf den Weg ins Pfarrhaus. Der Pfarrer hatte geeignete Noten herausgesucht, und die beiden begannen zu üben. Ein paar Flaschen Wein standen bereit, da beide Herren nicht nur Weinkenner, sondern auch Weintrinker waren, und weil das Musizieren auf die Dauer eine trockene Kehle verursachte.
Neugierig studierte Lehrer Christmann die Etiketts der Flaschen. «Donnerwetter, was für edle Tropfen!» rief er, denn sein Gastgeber hatte seinen besten Wein, den er von einem Weingut aus der Umgebung geschenkt bekam, auf den Tisch gebracht.

«Im Keller habe ich noch mehr», erklärte der Pfarrer stolz und lud seinen Gast zu einer Besichtigung ein.
Daraus entwickelte sich der Brauch, anläßlich der Musikproben eine ausgiebige Weinprobe stattfinden zu lassen. Diese Übung kam sowohl den Interessen des Lehrers als auch jenen des Pfarrers entgegen. Zu guter Letzt schlossen sie dann immer ewige Freundschaft. Am folgenden Tag kam Herr Christmann eine halbe Stunde zu spät zur Schule; solange benötigte seine Frau, um ihn überhaupt aus dem Bett zu bekommen.
Bald trafen sich die beiden Musikanten jeden zweiten Abend, und je näher das Konzert rückte, desto leerer wurden die Regale im Weinkeller des Pfarrers. Die Generalprobe fand am Nachmittag des Aufführungstages statt. Auch diesmal wurde dabei Wein getrunken; zum einen der Gewohnheit wegen, zum anderen gegen das Lampenfieber.
Als er später zusammen mit dem Pfarrer feierlich zum Altar schritt, hatte Lehrer Christmann Mühe, aufrecht zu gehen. Er trug seinen schwarzen Anzug, dazu eine Silberkrawatte. Vor Aufregung ließ er beinahe seine Geige fallen. Der Pfarrer war die Ruhe selber. Sein vom Weintrinken gerötetes volles Gesicht strahlte, und er nickte der versammelten Gemeinde nach allen Seiten hin zu. Das Konzert wurde angekündigt, die Künstler setzten sich

etwas erhöht, vor den Altar, und begannen zu spielen.
An diesem Tag spielte Herr Christmann, trotz der zahlreichen Proben, katastrophal. Dauernd kamen falsche Töne, so sehr er sich auch bemühte. Dazu fiel ihm beim letzten Umblättern das Notenblatt zu Boden. Als er sich bückte, um es aufzuheben, verlor er plötzlich das Gleichgewicht, dann das Bewußtsein, und er stürzte die Altarstufen hinunter.
Die Besucher erschraken. Nach und nach verließen sie die Kirche, während sich der Pfarrer um seinen Freund bemühte, wobei ihm Frau Schrader und eine der Erzieherinnen behilflich waren.

8

Am Ende des Schuljahres beschloß Herr Christmann, Petra und Werner nicht versetzen zu lassen. Petra störte zwar nicht den Unterricht, aber sie beunruhigte ihn dadurch, daß sie immer noch nichts sagte, weder Bücher noch Hefte besaß und auch keine Hausaufgaben machte.
Werner dagegen war ein ständiges Ärgernis für Lehrer Christmann. Er wollte ihn loswerden, koste es was es wolle; es «kostete» lediglich ein paar schlechte Zensuren. Die hatte Werner nach Mei-

nung des Lehrers verdient. Die letzte Schandtat Werners, nach dem Konzert in der Kirche, war durch die ganze Stadt gegangen: Er hatte vor der Kirchentür laut zu singen angefangen. «Schnaps, das war sein letztes Wort, dann trugen ihn die Englein fort», hatte der Text gelautet. Das vergaß Herr Christmann dem Bengel nicht.
Bei der Versetzungskonferenz sagte er zu Frau Mahler, die beide Kinder in ihre Klasse bekam: «Dieser Werner ist ein Teufel. Sie werden sicher viel Ärger mit ihm haben. Dafür ist die Petra ein braves Kind. Sie sitzt hinten und spricht kein Wort. Ich glaube, sie ist schwachsinnig und gehörte in eine Sonderschule. Aber ich konnte ihr kein Zeugnis schreiben, denn sie hat nie am Unterricht teilgenommen.» Als ihm einfiel, daß er keinen Schülerbogen für Petra hatte, empfahl Herr Christmann Frau Mahler, sich bei der Heimleitung zu erkundigen, wo Petra vorher zur Schule gegangen sei.
Im Gegensatz zu den anderen Heimkindern war Petra stark abgemagert. Sie aß ihren zweiten Teller Haferschleim nicht und mußte täglich zur Strafe nach dem Mittagessen ins Bett. Kontakt hatte sie mit niemandem, und Erzieherinnen, Lehrer und Klassenkameraden hatten sich daran gewöhnt, daß sie nicht redete. Alle glaubten, sie sei immer so gewesen. Es gab in ihrer Umgebung keinen, der sie vorher gekannt hatte, als sie noch ein lustiges Mäd-

chen war, das in seiner Klasse zu den Besten gehört hatte.
Ein ganzes Jahr lang sah Petra ihren Vater nicht. Nachdem er aus dem Krankenhaus entlassen worden war, kam er in ein Sanatorium. Er schrieb manchmal einen Brief. Petra wußte, daß er sich nur in einem Rollstuhl fortbewegen konnte. Ein Freund hatte ihm versprochen, ihn einmal in seinem Auto zu seiner Tochter zu fahren. Darauf wartete Petra sehnlichst.
Frau Schrader, die Heimleiterin, die alle Briefe der Kinder an ihre Angehörigen kontrollierte, wußte etwas mehr über Petra. Aus ihren Briefen ging hervor, daß sie ein Kind mit normaler Intelligenz war. Verblüffend war auch, daß diese Briefe mit ordentlicher Schrift in einwandfreiem Deutsch und fast fehlerlos geschrieben waren.
Werner dagegen schrieb überhaupt keine Briefe, das hatte er nie gelernt. In seinem Zeugnis wimmelte es von schlechten Noten. Darüberhinaus stand darin als Bemerkung zu lesen: «Der Junge lügt, stiehlt und tyrannisiert die Lehrkräfte.»
Werner empfand das Sitzenbleiben als Unrecht. Er sah das alles ganz anders. Nach seiner Meinung waren es die Erwachsenen, die in Wirklichkeit logen und die ihn tyrannisierten. Jetzt sollte er auch noch die Klasse wiederholen. Darunter litt er sehr, ließ sich aber nichts anmerken.

Als ihm einige Klassenkameraden «Sitzenbleiber, Eselstreiber» nachriefen, warf er einem von ihnen vor Wut einen Stein an den Kopf. Der Getroffene stürzte zu Boden und mußte mit einer Gehirnerschütterung nach Hause gebracht werden. Da gab es für die Heimleitung neue Aufregung, die sich nur langsam wieder legte. Werner erhielt für seine Untat vier Wochen Stubenarrest. Außerdem bekam er in dieser Zeit keinen Nachtisch und durfte sich keine Bücher ausleihen.

Am ersten Tag des neuen Schuljahres erzählte Frau Mahler, die neue Klassenlehrerin, eine Geschichte: Ein braver Bauer durfte sich für eine gute Tat von einer Fee drei Wünsche erfüllen lassen. Seine Frau drängte ihn, als erstes ein Paar Bratwürste mit Sauerkraut zu wünschen, weil sie gerade so großen Appetit darauf verspürte. Kaum gesagt, standen die Würste schon auf dem Tisch. Weil ihm seine geschwätzige Frau keine Zeit zum Nachdenken ließ, rief der Bauer im Zorn: «Wenn dir die Würste nur an der Nase angewachsen wären!» Und schon hingen die Würste an der Nase der Bäuerin. Was blieb den beiden anderes übrig, als mit dem dritten und letzten Wunsch die Würste wieder von der Nase zu lösen?

Als Hausaufgabe sollten die Schüler die Geschichte schriftlich nacherzählen. Aber wie üblich kamen Petra und Werner am folgenden Tag ohne Haus-

aufgaben zur Schule. Petra gab auf Fragen keine Antwort. Werner erzählte eine seiner Phantasiegeschichten: Er habe das Blatt mit dem Aufsatz vergessen, es liege im Heim. «Dann holst du es jetzt gleich», ordnete Frau Mahler an. Werner verschwand, kehrte aber nach einer halben Stunde ohne das Blatt zurück. «Es hat mir niemand geöffnet», log er und sah dabei so harmlos und vertrauenerweckend aus, daß die Lehrerin unsicher wurde. Sie rief kurzerhand im Heim an, denn sie wollte sich Klarheit verschaffen.
Am Telefon war die Heimleiterin. «Natürlich ist bei uns immer jemand da», antwortete sie und fügte hinzu: «Schon wieder der Werner! Sie werden ihr blaues Wunder mit ihm erleben!»
Frau Mahler kam zurück in die Klasse, die mucksmäuschenstill war. Sie nahm Werner am Schlafittchen und sagte: «Ich habe im Heim angerufen. Du hast mich belogen.» Ihre Stimme war nicht laut, aber sie schaute Werner eindringlich in die Augen. «Jetzt hör gut zu, du Schlawiner. Das war das erste und letzte Mal, daß du mich belogen hast. Wenn du mich noch einmal für dumm verkaufen willst, dann stecke ich dir den Kopf zwischen die Ohren!»
Vor lauter Aufregung wurde Werner gar nicht bewußt, daß sein Kopf ohnehin zwischen den Ohren saß. Deshalb wunderte er sich, daß die Klasse vor Lachen tobte. Ihm wurde auf einmal ganz heiß.

Die Lehrerin stand immer noch vor ihm und klemmte seinen Kopf so zwischen ihre Hände, daß er ihr in die Augen schauen mußte. «Also, mein Lieber», sagte sie mit ruhiger Stimme, «du lügst mich nie wieder an. Ist das klar?»
Da hörte sie ihn kleinlaut antworten: «Morgen bringe ich Ihnen ganz bestimmt meinen Aufsatz, Frau Mahler, ehrlich!»
«Gut», sagte sie, «wir werden ja sehen.»
Als nächstes sollte die Klasse ihre Lesebücher hervorholen.
Petra blieb, wie immer, reglos sitzen.
«Petra!» rief Frau Mahler, «träum nicht und leg dein Lesebuch auf den Tisch!» Aber Petra tat, als sei sie taub. Sie drehte den Kopf zur Seite und schaute durch das Fenster in den Himmel.
Da bückte sich die Lehrerin zu Petras Schultasche, schaute hinein, fand jedoch nur einen Stoffhasen und Photos, die ganz abgegriffen waren. Was sollte sie davon halten? Auf den Fotos sah sie das Mädchen, das glücklich lachte, zusammen mit seinem Vater und seiner Mutter. Die Lehrerin nahm sich vor, der Sache nachzugehen. Zunächst mußte sich eine andere Schülerin mit ihrem Lesebuch neben Petra setzen.
Am nächsten Tag waren die Zusammenhänge aufgedeckt. Petra wurde mit den nötigen Büchern versorgt. Außerdem schrieb Frau Mahler für die

Heimleiterin eine Liste, auf der sie die weiteren benötigten Arbeitsmaterialien aufführte. Bei dieser Gelegenheit stellte sie auch gleich die Frage nach Petras früherem Schulort und schrieb unter den Zettel: «Bitte alles bis morgen erledigen. Mahler.»
Werner durfte den Zettel überbringen und war stolz darauf, eine so wichtige Aufgabe erhalten zu haben.
«Was soll denn das?» ereiferte sich die Heimleiterin nach dem Mittagessen. «Diese Frau Mahler ist wohl übergeschnappt.» Dennoch beauftragte sie eine der Helferinnen, die Sachen zu besorgen; und am nächsten Tag hatte Petra alles, was sie für die Schule brauchte.
Auch Werner schien von Frau Mahler beeindruckt zu sein. Er setzte seinen guten Vorsatz am Nachmittag in die Tat um und schrieb den Aufsatz. Tags darauf durfte er seine Arbeit der Klasse vorlesen. Da er sich Mühe gegeben hatte, wurde er gelobt. Das war ihm in der Schule noch nie passiert. Auf dem Heimweg mußte er immer wieder an diesen Augenblick denken, und er vergaß – ganz gegen seine Gewohnheit –, sich in eine Rauferei einzulassen.
Einen Tag später gab Frau Mahler Petra ein kleines, mit Seidenpapier umwickeltes Päckchen. «Für deine Photos», sagte sie, «damit sie nicht schmutzig werden und du sie alle zusammen hast.»

«Danke», antwortete Petra leise. Es war ihr erstes Wort seit langer Zeit. Die Lehrerin streichelte ihr die Wange und Petra nahm den Geruch ihrer Hand wahr, die nach Creme oder Seife duftete. Sie schnupperte auch an dem rotgeblümten Seidenpapier, das genauso roch. Sie faltete das Papier sorgfältig zusammen, nachdem sie ein kleines Photoalbum ausgepackt hatte.
Nach der Schule begann Petra, ihre Photos in das Album einzuordnen. Wie ein richtiges kleines Buch sah das aus. Immer wenn sie wollte, konnte sie darin blättern. Das Seidenpapier legte sie abends vor dem Schlafengehen unter ihr Kopfkissen, und der dem Papier anhaftende Duft begleitete sie in den Schlaf.
Am nächsten Tag begann Petra, sich am Unterricht zu beteiligen. Sie las fließend und schrieb zum Erstaunen der Lehrer und der anderen Schüler fast fehlerfrei. Als kurz darauf ein Diktat geschrieben wurde, traute Frau Mahler ihren Augen nicht, denn Petra hatte als einzige keinen Fehler, obwohl sie doch sitzengeblieben war und Herr Christmann gesagt hatte, sie gehöre eigentlich auf die Sonderschule.
Frau Mahler ließ es sich nicht nehmen, Herrn Christmann das fehlerfreie Diktat zu zeigen. «Sehen Sie», sagte sie, nicht ohne einen scharfen Unterton, «wie finden Sie das?»

«Ich bin sprachlos», erwiderte Herr Christmann nach der Lektüre und murmelte etwas von einem Wunder, einer glücklichen Fügung. Er erkannte, daß er etwas falsch gemacht haben mußte, und sein Gewissen begann sich zu rühren. Doch er wußte es sofort wieder zu beschwichtigen. «Nach meiner Auffassung hat das Kind in Ihnen einen Ersatz für seine Mutter gefunden», erklärte er Frau Mahler. «Deshalb konnte ihm eigentlich nichts Besseres passieren, als sitzenzubleiben und in Ihre Klasse zu kommen. Bei Ihnen kann es sich entfalten.»

«Meinen Sie nicht, daß Sie etwas mehr Einfühlungsvermögen und Zärtlichkeit hätten aufbringen können?» entgegnete Frau Mahler. Aber Herr Christmann winkte empört ab. «Was glauben Sie, was geschähe, wenn ich mir als Lehrer einem kleinen Mädchen gegenüber Zärtlichkeiten erlaubte?!»

9

Mit Werner ging es aufwärts. Fast ununterbrochen überlegte er, wie er Frau Mahler imponieren könnte. Er erledigte seine Hausaufgaben gründlich, meldete sich bei jeder Frage und half der Lehrerin nach Unterrichtsschluß in den Mantel. Wenn ihm Frau Mahler dann über das Haar strich und

sich bedankte, war er glücklich und ging seinen Heimweg wie im Traum.
Ein weiterer Grund, weshalb sich Werners Verhalten merklich änderte, war Karola. Sie gefiel ihm. Er hatte ihre blauen Augen und ihre hellblonden Haare entdeckt. Er begann mit ihr in der Pause zu plaudern. Da das Gefallen gegenseitig war, standen sie auf dem Schulhof häufig beieinander. Karola brachte Werner eines der Karl-May-Bücher ihres Bruders zum Lesen.
Einer der Mitschüler zeichnete ein großes Herz mit den Namen «Werner + Karola» an die Wandtafel. Die beiden ärgerten sich kein bißchen darüber. Es konnte jeder wissen, daß sie Freunde waren.
Das Karl-May-Buch hieß «Unter Geiern»: Old Shatterhand entdeckt bei der Verfolgung von Gangstern mitten in der Wüste eine Oase. Sie gehört einem Jungen namens Bloody-Fox. Er hat keine Eltern mehr und wohnt dort ganz allein.
Abends im Bett, wenn er nicht einschlafen konnte, spann Werner abenteuerliche Geschichten, in denen eine Oase vorkam. Er ritt tagelang durch die Wüste, bis er völlig erschöpft war. Da lag die Oase vor ihm, umgeben von stachligen Kakteen. Nur auf einem Geheimpfad gelangte er hinein. Jetzt war es seine Oase, er hatte sie entdeckt und in Besitz genommen. Die Sonne schien den ganzen Tag. Er konnte die reifen Früchte von den Bäumen es-

sen, im Sand liegen oder baden, so oft er wollte. Er hatte Pferde, Esel, Kühe und einen Hund. Sonst war er allein. Nur Karola, Petra und Renate durften ihn besuchen; und Frau Mahler, wenn sie Zeit hatte.

In seiner Phantasie sah Werner alles genau vor sich. Er legte sogar Gemüsefelder an, pflanzte Obstbäume und Beerensträucher, zog Bewässerungsgräben. Manchmal lag Werner bis in die Nacht hinein wach und überlegte immer neue Geschichten zu seiner Oase.

Auch Petra fand eine Freundin. Sie hieß Gisela. Die beiden saßen nebeneinander und waren auch in den Pausen unzertrennlich. Aber Petra konnte nicht mit Gisela nach Hause gehen, obgleich sie keine fünf Minuten vom Kinderheim entfernt wohnte. Den Kindern war verboten, das Heim – außer zum Schulbesuch – zu verlassen. Nach langem Bitten durfte Gisela Petra einmal in der Woche für eine Stunde im Kinderheim besuchen. Die Heimleiterin erlaubte diese Besuche nur unter der Bedingung, daß Petra morgens zwei Teller Haferschleim esse.

Als in der Klasse ein Aufsatz zum Thema «Jeder hat seine Probleme» geschrieben wurde, machte Petra ihrem Herzen Luft. Sie schrieb: «Mein größtes Problem ist, daß ich im Heim wohne und nicht bei meinem Vater oder meiner Mutter sein kann. Jeden

Morgen muß ich zwei Teller Brei essen. Er schmeckt scheußlich, und meine Hosen und Röcke sind mir davon zu eng geworden. Wer morgens seinen Brei nicht ißt, erhält ihn mittags kalt vorgesetzt. Wer ihn dann nicht ißt, muß zur Strafe zwei Stunden ins Bett. Abends müssen wir schon um sieben Uhr ins Bett gehen. Wenn wir wenigstens noch eine halbe Stunde lesen dürften. Meine Schulfreundin darf ich nicht besuchen und in die Stadt darf ich nicht gehen, um mir das zu kaufen, was ich brauche.»

Werner schrieb ähnliches. Im Lehrerzimmer berichtete Frau Mahler ihren Kollegen von diesen veralteten Erziehungsmethoden. Sie schlug vor, sich gemeinsam für die Änderung einzusetzen.

Die Sportlehrerin stimmte ihr zu: «Jetzt weiß ich, warum die Heimkinder schwerfällig sind. Das ist wirklich mittelalterlich.»

Auch andere Lehrer meinten, daß vor allem der Unfug mit dem Breiessen aufhören müsse. Sie beschlossen, den Schulpsychologen einzuschalten. Dieser informierte das Gesundheitsamt, und die Behörde schickte zwei Experten mit dem Auftrag in das Heim, den Speisezettel zu überprüfen.

Freudestrahlend meldeten die Kinder einige Wochen später, daß sie neuerdings Kakao, Kaffee und Tee zum Frühstück erhielten und nur noch dreimal in der Woche einen Teller Haferschleim.

Werner hatte sich in seinem Aufsatz außerdem darüber beschwert, daß während des Essens nicht gesprochen werden dürfe, wo doch so viele interessante Dinge aus der Schule zu erzählen seien. Auch darüber, daß alle Briefe von der Heimleiterin gelesen wurden, beklagte er sich. Seit einiger Zeit schrieb er ab und zu an seinen Vater und seine Stiefmutter, die manchmal antworteten. Besonders beanstandete Werner, daß ihn seine Freundin Karola nicht besuchen dürfe. Das sei unsittlich, habe Frau Schrader zu ihm gesagt. Ein Junge dürfe Freunde haben, aber keine Freundin.
Werner fragte Frau Mahler, was unsittlich sei. Alle spitzten die Ohren. Die Lehrerin erklärte ihnen, daß Jungen und Mädchen schon geschlechtsreif werden, bevor sie als Erwachsene gelten. «Früher, vor mehreren tausend Jahren», erzählte Frau Mahler, «lebten die Menschen in Gruppen, wie beispielsweise die Affen im Urwald. Wie die Tiere paarten sie sich, wenn sie das Bedürfnis dazu verspürten, nach den Gesetzen der Natur. Die Kinder wurden gemeinsam aufgezogen. Heute müssen die Eltern ihre Kinder allein aufziehen. Der Ernährer, sei das nun der Vater oder die Mutter, muß einen Beruf haben und arbeiten, um seine Kinder versorgen zu können. Er muß zuerst in der Schule, dann in einem Betrieb oder auf einer Universität lernen, bis er Geld verdienen kann. Dadurch hat sich die

Sitte entwickelt, daß der Mensch erst einige Jahre nach Eintritt seiner Geschlechtsreife heiratet, wenn er in der Lage ist, Kinder zu ernähren. Vor der Ehe Geschlechtsverkehr zu haben, halten viele Leute für unsittlich.»
«Was hat das mit Werner und mir zu tun?» fragte Karola. «Vielleicht befürchtet Frau Schrader», antwortete die Lehrerin, «du könntest ein Kind bekommen.»
Es stellte sich heraus, daß fast kein Schüler von seinen Eltern aufgeklärt worden war. Die Lehrerin ließ sie ihr Biologiebuch aufschlagen und erklärte ihnen die Funktion der Geschlechtsorgane und die Anwendung von Empfängnisverhütungsmitteln.
Eine Schülerin bemängelte, daß im Biologiebuch nur die inneren weiblichen Geschlechtsorgane abgebildet seien. «Warum», fragte sie, «werden nicht auch die äußeren weiblichen und männlichen Geschlechtsorgane gezeigt?» Ein Junge rief lachend: «Die kann man sich selber ansehen, dazu braucht man kein Buch!» Eine andere Schülerin meldete sich zu Wort: «In der Religionsstunde haben wir gelernt, daß es schamlos sei, sich so etwas anzusehen.» Sie nahm ihren Beichtspiegel hervor und las laut: «Bin ich unschamhaft gewesen durch Blicke, Reden, Berühren, unnötiges Entblößen? Allein? Mit andern?»
Man sah Frau Mahler an, daß sie sich in einer

Klemme befand. Schließlich sagte sie: «Ich halte das für altmodisch.»
In der folgenden Religionsstunde meldete sich Brigitte, deren Vater im Kirchenvorstand war: «Herr Pfarrer, Frau Mahler hat gesagt, was im Beichtspiegel steht, ist altmodisch.»
«Hm», brummte der Pfarrer und wußte nicht, was er darauf antworten sollte. Um Zeit zu gewinnen, ließ er Brigitte die entsprechenden Stellen aus dem Beichtspiegel laut vorlesen: «Die geschlechtliche Kraft ist von Gott geschaffen. Seit dem Sündenfall drängt diese Kraft freilich auch zur Unordnung. Sie will die gottgesetzte Schranke überschreiten. Du mußt mit deinem Willen ihr Drängen in Zucht halten, sonst überschwemmt sie wie eine reißende Flut Phantasie, Gefühl, Gemüt und Seele. Nur wenn dein Wille nachgibt, geschieht eine Sünde. Wirf den Helden in dir nicht weg. Schlage aber den Feigling in dir tot. Keuschheit ist Kraft. Keusche Menschen sind Lieblinge Gottes.»
Die Klasse wartete auf eine Erklärung. «Wenn ihr das beherzigt», sagte der Pfarrer, «bleibt ihr immer Gottes Kinder. Laßt euch nicht darin beirren.»

10

Im Herbst volontierten in der Klasse von Frau Mahler zwei Studenten der Pädagogik. Der eine wohnte auf dem Lande. Er erzählte von den vielen Zwetschen, die es in diesem Jahr bei ihm zu Hause gebe und fragte, ob er welche mitbringen solle. Die Klasse äußerte laute Zustimmung. Petra schlug vor, sie könnten Zwetschenkuchen backen. «Eine gute Idee», fanden die andern und besprachen mit Frau Mahler die Zubereitung des Teigs und die Zutaten. Am Ende der Stunde verabredete sich die Klasse für das Wochenende.
Am Samstag früh um acht fanden sich alle in der Schulküche ein. Die Kinder brachten Mehl, Eier, Butter, Zucker, Milch und Hefe mit. Sie teilten sich die sechs Arbeitstische, banden sich Schürzen um, füllten Mehl in die Schüsseln, und waren alle beschäftigt. Sie gaben sich gegenseitig Ratschläge.
«Können wir das nicht jede Woche machen?» fragte Petra, die vom Backen sichtlich angetan war.
«Das würde euch schnell langweilig», meinte Frau Mahler. «Außerdem gibt es andere Dinge, die auch Spaß machen. Zum Beispiel könnten wir uns für nächsten Samstag zum Schwimmen im Hallenbad verabreden.» «Ja!» riefen alle, «nächste Woche gehen wir schwimmen!»
In jeder der sechs Schüsseln war Mehl für zwei Ku-

chen. In die Mitte wurde eine Delle gedrückt und dahinein wurden Hefe, Zucker und etwas Milch gegeben und verrührt. Aufmerksam beobachteten die Kinder den Gärungsprozeß. «Wie im Märchen vom süßen Brei!» rief jemand, «es wird immer mehr!» Die Zutaten wurden dazugegeben, und jeder durfte rühren. Zuletzt wählte jede Gruppe einen Schüler aus, der den Teig kräftig durchknetete. Während die zugedeckten Teigschüsseln auf den Heizkörpern standen, damit der Teig aufging, entfernten die Kinder die Steine aus den Zwetschen und schnitten sie ein. Petra fand, daß Teig besser als Kuchen schmecke. Immer wieder schlich sie an die Schüssel ihrer Gruppe und nahm sich einen Mund voll Teig. «Iß nicht soviel davon», warnte Gisela, «sonst bekommst du Bauchweh!» Doch Petra konnte sich nicht zurückhalten.
Nachdem alle Zwetschen entsteint waren, fetteten die Kinder die Kuchenbleche ein und verteilten den Teig darauf. Damit sich der Kuchen gut löst, bestreuten sie die gefetteten Bleche mit Mehl.
An Petras Tisch entstand ein Tumult. «Was ist denn?» fragte Frau Mahler. «Unser Teig reicht nur für einen Kuchen!» schimpften die Kinder, «weil Petra soviel davon genascht hat!» «Wenn dir das nur bekommt», sagte die Lehrerin und beruhigte die andern: «Es ist genug da, das können wir gar nicht alles essen.»

Sie hatten beschlossen, den Kuchen am Nachmittag bei Frau Mahler zu Hause zu essen. Da die Lehrerin außerhalb, in einem Dorf wohnte, mieteten sie einen Bus. Um drei Uhr nachmittags versammelten sich die Kinder bei der Schule. Petra fehlte. «Ihr ist übel», berichtete Werner. «Sie hat sich übergeben müssen.»
Petra saß im Heim und ärgerte sich, daß sie soviel Teig gegessen hatte. Warum war sie so unbeherrscht gewesen? Jetzt hätte sie ausgehen dürfen und verpatzte sich das selber.
Ihre Klassenkameraden brachten ihr am Montag ein großes Stück Zwetschenkuchen mit. Den übrigen Kuchen, beinahe elf Bleche, hatten sie restlos aufgegessen.
Als die Weihnachtszeit heranrückte, begannen die Kinder Geschenke zu basteln: Topfuntersetzer und Körbchen aus Peddigrohr, Aschenbecher und Kerzenleuchter aus Ton, bunte Riesenblumen aus Kreppapier. Werners Schrift sah zwar aus, als sei ein betrunkenes Huhn über das Papier gelaufen; aber im Werkunterricht war er mit Abstand der Geschickteste. Neidlos erklärten die Klassenkameraden, seine Papierblume sei die schönste.
«Schenkst Du sie der Heimleiterin?» fragte Frau Mahler. «Nein!» sagte Werner, «die bekommt meine Mutter!» Damit meinte Werner seine Stiefmutter, denn seine Mutter war gestorben, als er sieben

Jahre alt war. Einige Zeit wurde er in der Verwandtschaft herumgestoßen, bevor er ins Heim kam. Sein Vater heiratete wieder, seine zweite Frau war erst zwanzig Jahre alt und wollte Werner nicht zu Hause haben.
Das wußte Werner. «Wenn alle meine Blume bewundern», dachte er sich, «wird sie bestimmt auch meiner Mutter gefallen. Vielleicht erlaubt sie dann, daß ich daheim bleiben darf.» Er schrieb mehrere Briefe an die Eltern, bis sein Vater schließlich antwortete, Werner könne über Weihnachten nach Hause kommen. Er konnte den Beginn der Ferien kaum erwarten.
Petra durfte die Weihnachtsferien ebenfalls bei ihrem Vater verbringen. Zum ersten Mal würden sie sich seit dem Unfall wiedersehen. Ihr Vater war jetzt in einem Sanatorium, wo er umgeschult wurde, um später wieder einen Beruf ausüben zu können. Über Weihnachten durfte auch er nach Hause reisen, und Petra wollte ihn dann pflegen. Sie freute sich ebenso auf die Ferien wie Werner.

11

Am ersten Ferientag wurde Werner von seinem Vater im Auto abgeholt. Während der ganzen Fahrt überlegte er, wie er seine Stiefmutter für sich gewinnen könnte. «Karola mag mich», dachte er, «und Frau Mahler mag mich.» Warum sollte ihn seine Stiefmutter nicht mögen? Er nahm sich vor, anständig und hilfsbereit zu sein.

Als sie zu Hause eintrafen, war seine Stiefmutter beim Christbaumschmücken. Sie gab seinem Vater zur Begrüßung einen Kuß. «Guten Tag, Mutti», sagte Werner und streckte ihr die Hand hin. Sie sagte: «Guten Tag» und gab ihm kurz die Hand. «Sie hätte mir auch einen Kuß geben können», dachte Werner. Aber vielleicht hatte er sich zu ungeschickt verhalten.

Wie schön sie war! Ihre Haare trug sie zu einer turmartigen Frisur hochgesteckt. Sie waren fast so hell wie das Engelshaar, das sie an den Tannenbaum hängte. Ihre Wimpern waren lang und schwarz, ihre Augendeckel himmelblau, die Fingernägel dunkelrot, so lang und spitz wie kleine Krallen. Er schaute sie eine Weile an. Dann erinnerte er sich an das, was er sich auf der Fahrt vorgenommen hatte. Er wollte ihr gleich helfen, den Christbaum zu schmücken. Rasch zog er seinen Mantel aus, hängte ihn an die Garderobe und ging zu ihr zurück. Aus einem Karton am Boden nahm er eine rotglänzende Christbaumkugel und begann, sie mit einem dünnen Draht am Baum zu befestigen.

«Laß das!» fuhr ihn seine Stiefmutter an. «Die Kugeln sind aus Glas, du machst sie kaputt!»
«Bestimmt nicht», wehrte er sich. «Meine Lehrerin hat gesagt, daß ich sehr geschickt bin. Ich habe schöne Sachen für dich gebastelt. Du wirst sehen, ich kann das.» Er nestelte mit dem Draht an einem Christbaumzweig. «Kannst du nicht hören, Bengel!» schrie seine Mutter und schlug ihm auf die Hände; die schöne Kugel fiel auf den Boden und zersprang in hundert Splitter.
«Habe ich dir nicht gesagt, du sollst aufhören! Da siehst du, was du angerichtet hast!»
«Wenn du mir nicht auf die Finger gehauen hättest, wäre die Kugel nicht kaputtgegangen», verteidigte er sich.
«Du sollst hören, wenn dir etwas gesagt wird!» schimpfte sie weiter. «Du bist ein Taugenichts, das sagen alle: deine Tanten, deine Großmutter und die Heimleiterin.»
Betrübt holte er aus der Küche Besen und Schaufel. «Am besten, ich sage nichts», dachte er. «Wenn Mutter am Heiligen Abend die Rose und die anderen Bastelsachen gesehen hat, wird sie eine bessere Meinung von mir bekommen.» Sein Vater streckte den Kopf zur Tür herein. «Hat es Scherben gegeben?» fragte er mit gerunzelter Stirn.
«Kaum ist dein Sohn im Haus, passiert etwas», antwortete seine Frau. Ihre Stimme war laut und

klang Werner schmerzhaft in den Ohren. «Ich habe dich gewarnt. Aber du glaubst mir nicht, wenn ich sage, der Junge ist durch und durch verdorben.» Der Vater sah sich die zerbrochene Glaskugel an. Werner brachte die Splitter weg und ging zum Fenster. «Es hat keinen Sinn, daß ich mich verteidige», dachte er, «die hat etwas gegen mich.» Sie war jetzt mit Vater verheiratet wie seine Mutter, als sie noch lebte. Er tat, als schaue er auf die Straße, damit sie nicht sahen, daß er weinte.

Am Weihnachtsabend steckten sie die Kerzen auf dem Christbaum an und legten eine Schallplatte mit Weihnachtsliedern auf. Werner erhielt einen Baukasten geschenkt. Freudig wickelte er ihn aus dem bunten Papier und las die Aufschrift. Als er weiter auspacken wollte, sagte seine Stiefmutter: «Daß du aber nicht anfängst, hier damit zu spielen.» Er blickte sie ratlos an. «Das gibt nur Unordnung», fuhr sie fort. «Der Kasten wird erst aufgemacht, wenn du wieder im Heim bist.» Werner lief hinaus und holte Blume, Körbchen, Untersetzer und Kerzenleuchter aus seiner Schultasche. Die Geschenke legte er vor seiner Stiefmutter auf den Tisch. «Das hab ich für dich gemacht», sagte er. Dem Vater gab er einen Aschenbecher.

Seine Eltern bedankten sich. Seine Stiefmutter begann, ein kostbar aussehendes Päckchen zu öffnen. In einer Schachtel befand sich ein Ring mit einem funkelnden Stein, den seine Stiefmutter entzückt bewunderte. Sie gab dem Vater einen Kuß und bedankte sich überschwenglich für den Ring. «Hätte ich Geld», dachte Werner, «dann könnte ich ihr auch einen Ring schenken oder eine Halskette mit vielen glitzernden Steinen.»

12

Petra wurde von einem Freund ihres Vaters abgeholt. «Mein Auto steht vor dem Tor», sagte er und nahm ihren Koffer. Vater hatte ihn im Sanatorium kennengelernt, und weil der Freund keine Angehörigen hatte, wollten sie zusammen feiern.
Als sie aus dem Tor kam, sah Petra, daß ihr Vater im Auto saß. Das war eine Überraschung! Sie fiel ihm um den Hals und wollte ihn kaum loslassen. Während der Fahrt erzählten sie sich von ihren Erlebnissen.
Zu Hause angekommen, half Vaters Freund Petra, die Wohnung aufzuräumen, und er besorgte einen Weihnachtsbaum. Das Schmücken übernahm Petra. Ihr Vater schaute vom Sofa aus zu, denn er konnte nur mühsam an Krücken gehen. Er stellte den Küchenzettel auf und gab Petra Anweisungen beim Kochen.

Am Heiligen Abend gab es Kartoffelsalat und Würstchen. Sie saßen zusammen, steckten die Kerzen am Weihnachtsbaum an, packten ihre Geschenke aus und unterhielten sich. Der Vater berichtete, daß im Sanatorium abends um zehn das Licht gelöscht werde und er nicht mehr lesen oder Radio hören dürfe. Dafür werde man morgens um sechs Uhr geweckt. Die Gewöhnung an diesen Tagesrhythmus falle ihm außerordentlich schwer, weil er früher, als Gastwirt, immer bis in die Nacht hinein gearbeitet und morgens lange geschlafen habe. Er lerne Schreibmaschine schreiben und Buchhaltung. Es mache ihm keinen Spaß, er sehe in beruflicher Hinsicht keine Zukunft für sich.
Petra versuchte, so gut sie konnte, ihn zu ermuntern. Vaters Freund unterstützte sie dabei. «In einem Jahr kannst du wieder laufen», meinte er, «dann wirst du die Dinge viel optimistischer sehen.»
«Das hätte ich mir nicht träumen lassen», erwiderte der Vater, «daß ich körperbehindert sein würde und mein Kind in ein Heim geben muß.» Sie sprachen viel über diese Probleme. Petra vergaß, wie einsam und unglücklich sie sich gefühlt hatte. Sie erfuhr, daß es ihrem Vater nicht besser ergangen war und fand es gut, daß sie sich mit ihm über seine Sorgen unterhalten konnte.
Die Zeit verging im Flug. Petra hatte ein dickes

Buch geschenkt bekommen, das sie am ersten Weihnachtstag nach dem Frühstück zu lesen begann. Es hieß «David Copperfield» und erzählte die Geschichte eines Jungen, dessen Eltern gestorben waren. Petra kam kaum von der spannenden Geschichte los.
Aber das Zubereiten des Mittagessens ließ sie sich nicht nehmen. Die beiden Männer durften ihr nur beim Kartoffelschälen und Abwaschen helfen. Sie kochte die Kartoffeln und briet drei Schnitzel; dazu gab es Erbsen, zum Nachtisch Vanillepudding. «Du bist eine perfekte Hausfrau», staunte der Vater, und sein Freund stimmte ihm zu. Die beiden wollten wissen, wo sie kochen gelernt hatte. Sie erzählte von Frau Mahler, von der Schulküche, wie sie Kuchen gebacken und richtig gekocht hatten. Nachmittags spielten sie Halma und Mühle; später las Petra in ihrem Buch, die beiden Männer tranken einen Punsch und spielten Schach. Es war richtig gemütlich. «So müßte es immer sein», dachte Petra. Sie fürchtete sich vor der Rückkehr ins Heim. Manchmal dachte sie an ihre Freundin Gisela, an Werner, Renate, Frau Mahler und die andern. «Wenn nur das Heim nicht wäre», dachte sie, «die trübsinnigen Mahlzeiten, die Anordnungen von Frau Schrader, ihre Schikanen.» Die Schule erschien ihr dagegen nicht so schlimm, sie freute sich sogar ein bißchen darauf.

In der Nacht gegen drei Uhr läutete die Türglocke. Petra und ihr Vater erwachten. Sie vermuteten einen Unfug. Als es kurz darauf erneut klingelte, öffnete Petra das Fenster zur Straße und rief: «Wer ist da?» «Ich bin's!» antwortete eine leise Stimme. War das nicht die Stimme ihrer Mutter? «Mutti, bist du es?» fragte sie und überlegte, ob sie träumte. «Mach doch bitte auf!» rief die Mutter ihr zu.

Petra nahm den Hausschlüssel und rannte die Treppe hinunter. Sie öffnete die Tür, und ihre Mutter trat ein, bleich und verweint. «Was hast du, bist du krank?» wollte Petra wissen, als sie die Treppe hinaufstiegen. «Sollen wir einen Arzt rufen?» Die Mutter schüttelte den Kopf. «Ich habe alles falsch gemacht», sagte sie, «ich wußte nicht mehr, wohin.» Sie ging in das Schlafzimmer und setzte sich auf das Bett zu Petras Vater, der sie voller Sorge anblickte und nicht wußte, was er tun sollte.

«Er hat mich wieder geschlagen», sagte die Mutter. «Jede Nacht kommt er betrunken nach Hause, ich weiß nicht, was ich machen soll!» Petra stand an der Tür. Würde die Mutter jetzt zurückkommen und bei ihnen bleiben? Der Vater schien die gleichen Gedanken zu haben. «Wenn du willst, kannst du hierbleiben», sagte er. «Ich muß wieder hinübergehen», antwortete sie, «sonst schlägt er vielleicht die Kinder.»

Sie schwiegen. Petra setzte sich neben ihre Mutter

und legte den Arm um sie. Da zog die Mutter sie an sich und küßte sie. «Möchtest du wieder zu uns kommen?» fragte der Vater nach einer Weile. «Ich habe doch die Zwillinge», entgegnete sie. Petra merkte, daß sie weinte.
«Du kannst sie mitbringen», sagte der Vater. «Du müßtest ja auch meine verletzten Knochen in Kauf nehmen, denn ich bin jetzt ein Krüppel.» «Du würdest mich mit den Kindern aufnehmen?» fragte sie. Der Vater strich ihr und Petra über das Haar. Die Mutter hörte auf zu weinen. «Ich will sehen, wie ich von ihm loskomme», sagte sie. Dann verließ sie das Haus.

13

Die Stadtsparkasse veranstaltete einen Wettbewerb für Kinder. Fünfhundert Mark waren zu gewinnen. Prämiert werden sollte das schönste Bild zur Fastnacht. Karola und Brigitte hatten in der Klasse darüber berichtet und vorgeschlagen, eine Gemeinschaftsarbeit einzureichen. Ihre Klassenkameraden nahmen diese Idee begeistert auf. Sie berieten lange und einigten sich, ein großformatiges Klebebild, eine Collage, anzufertigen.
Alle beteiligten sich. Im Kunstunterricht schnitten

die Schüler aus Karton Figuren und beklebten sie mit bunten Papierschnipseln. Es entstanden Matrosen, Räuber, Polizisten, Engel, ein General, eine Rokokodame und viele andere Gestalten. Karola und Brigitte ordneten sie, meist zu Pärchen, und befestigten sie auf einer etwa vier Quadratmeter großen Unterlage aus dickem Packpapier. So entstand ein farbenfroher, lebhafter Maskenball. Am oberen und unteren Bildrand ließen sie einen Streifen frei. Dorthin klebten sie mit Buchstaben aus buntem Papier den Spruch: «Auf unserer schönen Fasenacht, da wird getanzt, gesung, gelacht!»

Die Schüler waren mit soviel Eifer bei der Sache, daß sich einige zur Fertigstellung des Kunstwerkes am Nachmittag trafen. «Unsere Eltern arbeiten bis fünf», meinten sie, «und zu Hause ist sowieso nichts los.» Damit Petra und Werner mitmachen durften, mußte Frau Mahler allerdings im Heim anrufen.

Die Collage wurde immer vielfältiger; ein farbenfrohes Gewimmel merkwürdiger Gestalten entstand auf dem Papier und vermittelte den lebendigen Eindruck eines ausgelassenen Fastnachttreibens. Am Nachmittag herrschte in der Schule heilige Ruhe, und die Arbeit machte richtig Spaß.

Gegen halb drei schepperte im Treppenhaus ein Eimer, kurz darauf ging die Tür auf, und eine Putzfrau streckte den Kopf zur Tür herein. Als sie sah, daß keine Lehrkraft anwesend war, schnauzte sie:

«Was habt ihr Rotznasen hier noch verloren?! Verschwindet, aber schnell!» Frau Linde, die Frau des Hausmeisters, kannten alle Schüler. Sie kam gleich nach dem Rektor.
Auf einmal sah sie das Bild, kam neugierig näher und betrachtete es mit schief geneigtem Kopf. Ein staunendes «Oh!» war ihre erste Reaktion. Sie stemmte beide Hände in die Hüften, holte tief Luft und brüllte: «Weber, Schmidt, kommt mal herauf! Das müßt ihr gesehen haben!»
Die beiden anderen Putzfrauen waren ebenso beeindruckt. Als sie erfuhren, wofür das Bild bestimmt war, meinten sie: «Den Preis gewinnt ihr ganz bestimmt!» Sie hatten nichts mehr dagegen, daß weitergebastelt wurde.
Immer wieder traten Karola und Brigitte ein paar Schritte zurück und prüften mit Kennerblick, wo noch etwas fehlte.
«Künstlerauge, sei wachsam!» rief ihnen Werner zu und streute übermütig Konfetti über das Bild. Beinahe hätte er deswegen Schläge bekommen. Aber Karola rief: «Das sieht gut aus! Seht es euch genau an!»
Das Konfetti brachte eine richtige Karnevalsstimmung in das Bild. Die bunten Papierschnitzel wirkten wie das Tüpfchen auf dem «i». Die Kinder beschlossen, das Konfetti festzukleben. Das war eine mühsame Arbeit, doch um vier Uhr, als Frau Mah-

ler kam, hatten sie es geschafft. Sie konnten das Bild für den Transport einrollen.
Gemeinsam mit Frau Mahler trugen sie die geschulterte Rolle durch die Stadt. Die Leute blickten ihnen neugierig oder schmunzelnd hinterher. In der Schalterhalle der Sparkasse entrollten sie ihr Bild und zeigten es dem für das Preisausschreiben zuständigen Mitarbeiter. Jedermann bewunderte die Arbeit, die an einer Plakattafel mitten in der Halle ausgestellt wurde.
«Hoffentlich gefällt der Jury unser Bild so gut wie den Putzfrauen und den Leuten hier», meinte Karola.
In der Zeit vor der Preisverleihung stieg die Spannung von Tag zu Tag. Für die Klasse gab es nur noch ein Gesprächsthema: «Bekommen wir den Preis?» Die Kinder berieten darüber, was mit dem Geld zu machen sei, das man eventuell gewinnen würde. Karola und Brigitte gingen noch einmal zur Sparkasse, um zu fragen, welche Chancen sie hätten. Doch die Sparkassenmitarbeiter wußten nichts.
Eines Morgens gegen neun Uhr rief der Sparkassendirektor in der Schule an. Er gab offiziell bekannt, daß die Klasse den Preis gewonnen hatte. Einen Tag später stand es sogar in der Zeitung.
Jetzt konnten die Schüler ernsthaft über die Verwendung der fünfhundert Mark beratschlagen.

Am meisten Zustimmung fand der Vorschlag, eine Reise zu unternehmen. Eine rege Diskussion entbrannte, bis sie schließlich den Plan entwickelten, am Rosenmontag nach Mainz zu fahren, um dort Karneval zu feiern. Frau Mahler versprach, einen Bus zu bestellen, und die Schüler vereinbarten, sich für ihr Unternehmen zu verkleiden.
Am Rosenmontag morgens um acht Uhr stiegen dreißig lustige Narren vor der Schule in den Bus. Das erste Gelächter lösten die acht erschienenen Cowboys aus.
Petra und Werner kamen nicht. Was war mit ihnen? Länger als eine Viertelstunde mochte die Gesellschaft nicht warten. Frau Mahler war zwar beunruhigt, aber sie mußte sich ihrem Narrenschiff widmen und stimmte, nachdem sie losgefahren waren, ein Fastnachtslied an.

14

Im Fürsorgeheim hatte die Heimleiterin Petra und Werner die Teilnahme an der Fastnachtsreise verboten. Nachdem ihr klargeworden war, daß ihr die Schule das Gesundheitsamt ins Haus geschickt hatte, sah sie jetzt eine Gelegenheit, sich für diesen Eingriff zu rächen.

«Die beiden fahren nicht mit», bestimmte sie. Da sie einige Tage Urlaub nahm, trug sie ihrer Vertreterin auf, diesen Entschluß den Kindern mitzuteilen. «Aber sagen Sie es ihnen erst am Abend vor der Reise», fügte sie hinzu, «sonst haben wir wieder diese Frau Mahler auf dem Hals.»
Frau Schrader war immer stolz auf ihre wohlgenährten Zöglinge gewesen und war überzeugt, daß es nichts Besseres für die Ernährung eines Kindes geben konnte, als morgens zwei Teller Haferflokken. «Wir wollen nur das Beste», sagte sie. «Woher wissen die Fachleute, was für Kinder gut ist? Die praktische Erfahrung haben doch wir.»
Mit der Fastnachtsfahrt war sie nicht einverstanden, weil ihr das zuwider war. Die Erwachsenen alberten tagelang herum, tranken Wein und Schnaps, bis alles drunter und drüber ging. Ihrer Vertreterin sagte sie: «Wir tragen die Verantwortung für unsere Zöglinge. Die kommen bei solchen Veranstaltungen nur auf dumme Gedanken.»
Petra weinte. Werner biß die Zähne zusammen, ballte seine Fäuste in den Hosentaschen und stieß halblaute Verwünschungen gegen Frau Schrader aus. Beide traten in den Hungerstreik. Werner tat noch ein übriges: Beim Mittagessen stülpte er seinen gefüllten Teller um und richtete auf dem Tisch eine wüste Schweinerei an. Zur Strafe wurden beide ins Bett geschickt.

Die Sache hatte ein Nachspiel. Am darauffolgenden Dienstag versuchte Frau Mahler, in einem Telefongespräch die Gründe für das Reiseverbot zu erfahren. Die Heimleiterin berief sich darauf, daß sie im Urlaub gewesen sei und ihre Vertretung den Kindern die Fahrt verboten habe. Auf ein weiteres Gespräch wollte sie sich nicht einlassen. Das sei eine Angelegenheit ihrer Vertreterin, sie sei zu keiner Auskunft oder Begründung bereit oder verpflichtet. Sie mische sich im übrigen auch nicht ständig in die Belange der Schule ein.
Frau Mahler bat den Rektor um eine Unterredung und berichtete ihm vom Verhalten der Heimleiterin. Der Rektor war empört und schrieb einen Brief, in dem es hieß: «Die Heimleitung ist nicht befugt, in die Angelegenheiten der Schule einzugreifen. Bei der Klassenfahrt handelte es sich um eine schulische Veranstaltung. Sie haben sich daher eines Verstoßes gegen das Schulpflichtgesetz schuldig gemacht. Ich erwarte von Ihnen, daß sich ein derartiger Vorfall nicht wiederholt.»
Einige Tage später fiel Frau Mahler auf, daß Petra die Füße ganz vorsichtig aufsetzend, leicht nach vorn geneigt ging, als habe sie Schmerzen im Unterleib. «Hast du Bauchweh?» fragte sie das Mädchen in der Pause. Petra schüttelte den Kopf. «Was ist es denn?» Aber Petra antwortete nicht. Am nächsten Tag machte die Lehrerin die gleiche Be-

obachtung. Sie rief Petra zu sich. «Du hast doch irgend etwas», versuchte sie es noch einmal. Doch Petra schüttelte erneut den Kopf.
Da kam Gisela hinzu und sagte: «Es ist wahrscheinlich der Blinddarm. Sie will nur nicht ins Krankenhaus.»
«Ja, warum denn nicht?» Petra begann zu weinen, und Gisela erklärte: «Weil sie da allein sein muß.»
«So ein Unsinn!» schimpfte die Lehrerin. Sie verfrachtete Petra in ihr Auto und fuhr sie in die Klinik. Das Mädchen weinte, und Frau Mahler versprach, sie jeden Tag zu besuchen.
Petra lebte auf, wenn Frau Mahler kam. Sie mußte nah ans Bett rücken, damit Petra die Arme um ihren Hals schlingen oder ihre Hand halten konnte. Jeden Tag fragte sie: «Kommen Sie morgen bestimmt wieder?» Frau Mahler bestätigte es ihr immer wieder.
Im Zimmer lagen noch drei andere Mädchen, zu denen Petra schnell Kontakt fand. Die vier hatten viel Spaß miteinander. Auch die Krankenschwestern und der Arzt waren nett.
Frau Mahler brachte ihr am dritten Tag ein Buch: «Die rote Zora und ihre Bande». Zora, ein rothaariges Mädchen, lebt in einer kleinen Küstenstadt in Dalmatien. Sie ist die mutige und geschickte Anführerin einer Bande von Kindern. Petra las jeden Tag mehrere Stunden. Sie ist die rote Zora und er-

lebt ein spannendes Abenteuer nach dem andern.
«Ich hatte schreckliche Angst vor dem Krankenhaus», erklärte Petra Frau Mahler. «Dabei geht es mir gut hier.»
«Es kommt immer darauf an, was du selber aus einer Situation machst», meinte ihre Lehrerin. Petra dachte darüber nach. Hatte sie es wirklich in der Hand, ob es ihr im Krankenhaus gefiel oder nicht? Bei dem Gedanken, daß Frau Mahler sie nicht jeden Tag besuchen würde und ihr nicht das Buch geschenkt hätte, wurde ihr bange.
Schließlich erhielt Petra einen Brief von ihrer Mutter. «Ich kann Dich nicht im Krankenhaus besuchen», schrieb sie, «weil ich die Zwillinge nicht alleine lassen kann. Wir werden uns zu Beginn der Sommerferien wiedersehen. Ich habe inzwischen die Scheidung eingereicht, und bis zum Sommer wird Papa auch seinen Umschulungslehrgang beendet haben. Dann werden wir hoffentlich wieder eine glückliche Familie sein.» Das war fast so gut wie ein Besuch. Überraschend schnell erholte sich Petra, und jetzt konnte sie die Sommerferien kaum noch erwarten.
Dagegen schlich Werner herum wie ein geprügelter Hund. Er hatte sich auf die großen Ferien gefreut, aus dem Heim herauszukommen, weg von Frau Schrader, und mit seinem Vater zusammen zu sein. Daraus wurde nichts. Seine Stiefmutter sei

krank, hatte der Vater mitgeteilt, Werner könne in den Ferien nicht nach Hause kommen.

15

Ende Juli war Frau Schraders Geburtstag. Beim Mittagessen feierte sie mit ihren Helferinnen. Es gab Wein aus schönen Kristallgläsern; und als die erste Flasche leer war, entkorkten sie eine neue. Fröhlich schwatzend und kichernd saßen die Frauen an ihremTisch.

Die großen Ferien hatten bereits begonnen. Vier Jungen und zwei Mädchen waren noch im Heim. Werner saß neben Renate an einem der langen Tische.Er hätte sich gerne mit ihr unterhalten. Außer bei den Mahlzeiten oder auf dem Schulweg sahen sie sich kaum, denn die Zimmer der Mädchen lagen in einem Stockwerk des Gebäudes, zu dem die Jungen keinen Zutritt hatten.

Es herrschte eine ungemütliche Atmosphäre in dem großen Saal. Stumm stocherten die Kinder auf ihren Tellern herum. Manchmal versuchten zwei hinter der vorgehaltenen Hand miteinander zu flüstern. Wer beim Essen sprach und dabei erwischt wurde, mußte zur Strafe anschließend ins Bett.

«Die feiern und wir dürfen nicht einmal miteinander sprechen», dachte Werner. Er war an diesem Tag schon zweimal von Frau Schrader zur Ordnung gerufen worden. Langsam nahm die Wut in ihm zu und gewann die Überhand. Ins Bett mußte er sowieso.

Er stand auf und ging, wie selbstverständlich, zum Tisch der Heimleiterin. «Hier wird geschwatzt und gelacht», sagte er, «und wir sollen still sein, das ist doch ungerecht!»

Den Erzieherinnen blieb der Bissen im Halse stekken. So etwas hatten sie noch nicht erlebt. Mit einem Ruck fuhr die Heimleiterin in die Höhe und stürzte auf Werner zu, um ihn zu ohrfeigen. «Du unverschämter Lümmel!» schrie sie. «Jetzt verdirbst du uns auch noch den Appetit!» Ihr Gesicht war rot angelaufen und ihre Stimme überschlug sich in der Erregung. «Marsch, ins Bett mir dir!»

«Das ist ungerecht!» rief Werner erneut, bevor er zum Speisesaal hinausrannte. Er merkte, daß ihn die andern ansahen und hätte gern noch viel mehr gesagt. Aber ihm fiel so schnell nicht das Richtige ein. Deswegen knurrte er, halb schon auf der Treppe, nur noch: «Scheißladen!»

Auf dem Treppenabsatz blieb er stehen und horchte. Die anderen begannen das Tischgebet zu sprechen. Rasch ging er in sein Zimmer und schloß die Tür hinter sich.

Mechanisch zog er sich aus und legte sich in sein

Bett. Wie er diese Schrader und dieses Heim haßte! Mit den Erwachsenen war, bis auf wenige Ausnahmen, nichts anzufangen. Die konnte er vergessen. In seiner Wut begann er zu heulen. Aber er wollte nicht heulen, er wollte nie mehr heulen, er würde sich rächen. «Denen werd' ich's zeigen!» schnaufte er und begann wild auf sein Kopfkissen einzuboxen. Das Kopfkissen war die Schrader: «Alte Hexe!» schimpfte er, «Giftschlange! Mistvieh! Vogelscheuche! Betschwester! Kinderschreck!»
Als er genügend Dampf abgelassen hatte, legte er sich hin. Er mußte bis vier Uhr im Bett bleiben, und um sieben ging es schon wieder ins Bett. Was sollte er hier in diesem Heim? Warum lief er nicht einfach weg? Er konnte als Tramp nach Amerika gehen und sich im Wilden Westen eine Oase suchen; wie Old Shatterhand und Bloody-Fox bei Karl May.
Er malte sich aus, wie die Heimleiterin aufgeregt die Polizei alarmieren würde. Die Polizisten würden mit Sirenengeheul durch die Straßen fahren, um ihn zu suchen. Sie würden ihn nicht finden, er war ja nicht dumm. Wenn sein Vater von seinem Verschwinden erführe, bekäme er bestimmt Angst. Er würde zu seiner Frau sagen: «Du bist schuld, daß ich Werner verloren habe. Du wolltest ihn nicht haben.» Er würde sie bestimmt aus dem Haus jagen und auf die Suche nach seinem Sohn gehen. Wenn

sie sich wiedersähen, würden sie zusammen eine neue Frau suchen, die sie beide lieb hätte.
Im Traum floh Werner. Er watete durch einen Sumpfwald mit riesigen Bäumen, die auf hohen Luftwurzeln standen. Spinnen und Schlangen krochen herum, die ihn ekelten. Vor sich sah er einen breiten Fluß, in dessen Mitte ein weißes Motorboot lag, das auf ihn zu warten schien. Er sprang ins Wasser, um hinüberzuschwimmen. Plötzlich sah er von allen Seiten Krokodile auf sich zuschwimmen, das Wasser mit ihren langen Schwänzen peitschend, ihm ihre zähnestarrenden Rachen entgegenreckend. Beinahe hätten sie ihn erwischt. Aber er war schneller, schwang sich in das Motorboot und fuhr los.
Der Fluß wurde schmaler, der Urwald zu beiden Seiten dichter. An den Bäumen hingen gewaltige Schinken und Leberwürste. Da merkte er, daß er Hunger hatte. Seit Tagen hatte er nichts richtiges mehr gegessen. Als er eine Wurst pflücken wollte, rutschte er aus und blieb, das braune undurchsichtige Wasser des Flusses unter sich, an ihr hängen. Er spürte, daß ihn jemand am Arm packte und erwachte.
Vor seinem Bett stand eine Helferin mit einem Becher Tee und einem Leberwurstbrot. Sie brachte ihm sein Abendessen herauf. Wortlos ging die Helferin wieder hinaus und Werner trank seinen Tee,

immer noch den verrückten Traum im Kopf. Was man doch im Traum oder in Gedanken alles erleben konnte! Geschichten, Abenteuer wie in einem spannenden Buch konnte er sich ausdenken. Im Heim verlief ein Tag wie der andere mit Beten, Essen, Schule, Kirche und Langeweile. In den Ferien war die Langeweile noch schlimmer. «Warum haue ich nicht wirklich ab?» dachte er. «Schlechter als im Heim kann es anderswo nicht sein.»
Kurzentschlossen wickelte er das Leberwurstbrot in ein Papier und schob es unter sein Kopfkissen. Dann holte er seine Jacke aus dem Schrank. Die wollte er mitnehmen, auch im Sommer wurde es in der Nacht draußen kalt. Seife, Zahnbürste und Handtücher, etwas Unterwäsche und Socken brauchte er noch.
Nachdem er seine Schulmappe mit einem Riemen in eine Umhängetasche verwandelt hatte, packte er alles ein und schob die Tasche unter sein Bett. Er legte sich wieder hin und stellte sich schlafend; gerade rechtzeitig, damit ihm sein zu Bett gehender Zimmergenosse keine Fragen stellen konnte.
Bis gegen elf Uhr lag Werner still im Bett. Ob er den lieben Gott um Hilfe bitten sollte? Der Pfarrer hatte gesagt, Gott sei gerecht und allmächtig. Ein Gebet konnte auf keinen Fall schaden. «Bitte, lieber Gott», betete er, «hilf mir, daß ich aus dem Heim fortkomme und hinterher nicht erwischt werde.»

Mit diesem Bundesgenossen mußte es klappen. Wohin sollte er gehen? Er erinnerte sich an eine Wüste in Amerika. Sie hieß Llano Estacado und lag in der Nähe von Mexiko, das hatte er sich im Schulatlas genau angesehen. Ob er es schaffen würde, dorthin zu gelangen? Er nahm sich vor, es zu versuchen. Das bedeutete, daß er nach Hamburg mußte, um sich dort auf ein Schiff nach Amerika zu schleichen. Hamburg wäre sein erstes Ziel.

Es wurde draußen ruhig, und er stand auf. Schnell kleidete er sich an, nahm seine Tasche, ging hinunter und stieg in der Toilette aus dem Fenster. Das ging ganz einfach. Jetzt mußte er über die hohe Mauer. Vergeblich suchte er nach einer Leiter. Nicht einmal ein Balken oder ein Brett waren zu finden. Er zog seine Jacke an und hängte die Tasche um. Er nahm Anlauf und versuchte, mit den Händen den Mauerrand zu erreichen. Die Jacke und die Tasche behinderten ihn. Deswegen zog er die Jacke wieder aus, wickelte sie um die Tasche und warf beides über die Mauer.

Auch der zweite Versuch scheiterte. Die Mauer war zu hoch und zu glatt, er schürfte sich die Knie auf. «Das wäre ja gelacht», sagte er sich, «wenn ich schon hier schlappmache.» Die Reise sollte erst beginnen. Außerdem lagen seine Sachen jetzt außerhalb der Mauer.

In der Nähe stand eine mächtige Schwarzkiefer,

deren Zweige weit über die Mauer ragten. Es gelang ihm, an der Kiefer hochzuklettern und sich an einem dicken Ast entlang auf die Mauer zu hangeln. Der Rest war eine Kleinigkeit.
Als er mitten in der Nacht allein die Straße entlangwanderte, wurde ihm bewußt, daß jeder Erwachsene, der ihn sehen würde, sofort die Polizei anriefe. Deswegen versteckte er sich, sobald er ein Auto kommen sah. Fußgänger waren keine mehr unterwegs. Er erreichte die aus der Stadt führende Hauptstraße, von wo er den Wegweisern zur Autobahn folgte.
Nachdem er die Häuser hinter sich gelassen hatte, wandte er sich einem Waldstück zu, um dort die Nacht zu verbringen. Der Wald war so dunkel, daß er kaum die Hand vor den Augen sehen konnte. Dauernd drehte er sich um und horchte, ob ihm nicht jemand hinterherschlich. Dann überlegte er sich, daß um diese Zeit bestimmt niemand mehr im Wald sei. Was wollte hier jemand mitten in der Nacht? Ein Verbrecher wäre bestimmt viel eher in der Stadt, wo andere Menschen waren, und wo man etwas sehen konnte. Außerdem hätte jeder Verbrecher bei so einer Dunkelheit mindestens ebensoviel Angst wie er.
Diese Gedanken beruhigten ihn ein bißchen. Er tappte eine Weile einen Waldweg entlang, bis er zu einem Dickicht kam, in das er hineinkroch. Seine

Augen hatten sich etwas an die Dunkelheit gewöhnt, so daß er die Bäume und Sträucher als schwarze Umrisse wahrnehmen konnte. Unter einer dichten Fichte legte er sich hin und deckte sich mit seiner Jacke zu.

Die vielen unbekannten Geräusche beunruhigten ihn. Es raschelte und knisterte um ihn herum, ein Käuzchen schrie, in der Nähe bellte plötzlich ein Hund. Werner fuhr erschreckt in die Höhe.

Dennoch war er nach einiger Zeit eingeschlafen, wachte jedoch bald wieder auf, weil er entsetzlich fror. Daß es nachts so kalt sein würde, hatte er nicht gedacht. Zähneklappernd riß er trockenes Gras aus und häufte es über seine Beine. Außerdem wickelte er sich seine beiden Handtücher um die Schultern. Das half, wenn auch nicht viel.

Endlich begann es zu dämmern, die Büsche und Bäume nahmen immer mehr Gestalt an. Wenig später ging die Sonne auf, zunächst als rötlicher Schein am Horizont hinter den Bäumen. Das hatte Werner noch nie erlebt, ihm wurde froh zumute. Er stand auf und machte einige Freiübungen, um die Steifheit aus seinen Gliedern zu vertreiben. Seit dem Mittag des vergangenen Tages hatte er nichts gegessen, sein Magen begann zu knurren. Deshalb aß er zunächst einmal sein Wurstbrot.

Wie sollte es weitergehen? Wenn er so früh am Morgen zur Autobahnauffahrt ging, war er be-

stimmt der einzige Tramper, und die Polizei könnte leicht auf ihn aufmerksam werden. Er mußte also noch etwas warten. Langsam schlenderte er zum Waldrand. Unterwegs suchte er sich ein paar Blaubeeren gegen den Durst. Auch Pilze sah er, mochte sie aber nicht roh essen.
Am Rande einer Wiese legte er sich in die warme Morgensonne, bis die Kälte der Nacht endgültig aus ihm gewichen war. Niemand war da, der ihn schikanierte. Die Vögel sangen um die Wette, die Wiese blühte und duftete, und ab und zu hörte er, wie aus einer anderen Welt, auf der Landstraße ein Auto. «So», dachte er, «schwerelos, warm und behaglich müßte es immer sein». Er blickte einem weißen Wolkenschiff nach, das hoch am Himmel vorbeisegelte, vielleicht nach Amerika, seinem Reiseziel.

16

Gegen halb acht Uhr erreichte Werner eine Tankstelle, die vor der Autobahnauffahrt lag. Er blieb stehen und sah dem regen Betrieb eine Weile zu. «Eigentlich könnte ich hier versuchen eine Mitfahrgelegenheit zu finden», dachte er, «hier könnte ich die Autofahrer ansprechen.»

Ein Lastwagen hielt vor den Zapfsäulen, und der Fahrer stieg aus. «Den frage ich», sagte sich Werner. Als er auf den Mann zuging, bemerkte er, daß die hintere Plane des Lastwagens nur mit Schnallen verschlossen war. Mit einem Blick überzeugte er sich, daß der Fahrer mit dem Tanken beschäftigt war. Hastig öffnete er die Schnallen, kletterte in den Wagen hinein und zurrte hinter sich alles wieder dicht. So schnell wie er in dem Wagen war, konnte er gar nicht denken.
Er stand vor einer Wand aus Kisten, hörte, wie der Motor angelassen wurde und merkte, wie sie losfuhren. Durch eine Ritze sah er, daß sie auf die richtige Autobahn fuhren. Er setzte sich auf eine der Kisten und spürte, wie sich sein Magen erneut bemerkbar machte. Jetzt hätte er gern einen Teller mit Haferflockenbrei gegessen. Aber damit war es nun vorbei. Er würde hungern müssen. Wer weiß, wie lange der Laster unterwegs war.
Im Laderaum war es fast dunkel. Werner versuchte sich hinzulegen, um etwas zu schlafen. Aber der Raum zwischen den Kisten war zu klein. Er hockte sich wieder hin. Es war unbequem und langweilig. Sein Magen knurrte. Da kam er auf die Idee, den Inhalt einer Kiste zu untersuchen. Das war nicht einfach, weil er einen festgenagelten Deckel lösen mußte. Darunter kamen Kartons zum Vorschein, in denen sich Gläser befanden. Mit einem ging er

an die Ritze in der Plane und las: «Babynahrung – Aprikosenmus».
Einen Löffel brauchte er nicht, die Finger reichten ihm. Es schmeckte gut. Plötzlich fiel ihm auf, daß der Lastwagen seine Geschwindigkeit verringerte und abbog. Er blickte hinaus und sah, daß sie die Autobahn verlassen hatten und auf einer Landstraße fuhren.
Zum Abspringen war die Geschwindigkeit zu groß. Ihm blieb nichts anderes übrig, als sich seinem Schicksal zu ergeben. An den Wegweisern merkte er, daß sie sich immer weiter von der Autobahn entfernten. Andererseits fiel ihm auf, daß er einige der Ortsnamen kannte. Sie kamen offenbar in die Gegend seiner Heimatstadt. Das war nicht schlecht. Im Heim würden sie jetzt seine Flucht bemerkt und die Polizei verständigt haben. Frau Schrader hatte vielleicht mit seinem Vater telefoniert, und er würde sich ängstigen und Sorgen machen. Was würde er wohl sagen, wenn sein Sohn auf einmal vor ihm auftauchte?
Werner wurde unruhiger, je weiter der Lastwagen fuhr. Nach Amerika konnte er immer noch, das lief ihm nicht davon. Er war sicher, daß sein Vater ihn diesmal in die Arme schließen und bei sich aufnehmen würde. Wenn der Fahrer nur endlich anhalten wollte! Das war die Gelegenheit auf die er gewartet hatte: «Ich habe es im Heim nicht ausge-

halten», würde er sagen. «Wenn Mutter krank ist, kann ich sie pflegen, die Wohnung saubermachen, einkaufen gehen und kochen.» Das würde er alles machen, dann würden sie ihn nicht ins Heim zurückschicken.

Aber der Wagen fuhr immer weiter. «Lieber Gott, hilf mir und halte den Wagen an», betete Werner. «Du bist allmächtig, gütig und gerecht, hat Pfarrer Scholz gesagt. Kannst du mir jetzt nicht helfen?» Er faltete die Hände und betete drei Vaterunser. Dabei kamen ihm Zweifel, ob sein Gebet erhört würde. Wenn Gott so gütig und gerecht war, warum hatte er seine Mutter sterben lassen? Warum ließ er überhaupt eine Mutter sterben und die Kinder allein?

Mehr als eine Stunde fuhr der Lastwagen weiter, bis er endlich seine Fahrt verlangsamte und am Rande einer Kleinstadt vor einer Gaststätte anhielt. Sofort sprang Werner ab und lief, vom Fahrer unbemerkt, über die Straße und weiter in die Stadt.

Ein Junge kam ihm entgegen, den er nach dem Weg fragte. Er sei per Anhalter gefahren, erklärte Werner, und wisse nicht, in welche Richtung er weiterfahren müsse. Der Junge sah ihn zwar etwas seltsam an, gab ihm aber bereitwillig Auskunft. So erfuhr Werner, daß er durch die Stadt hindurch müsse, um per Anhalter weiter nach Hause zu fahren.

Gegen ein Uhr hatte er die richtige Ausfallstraße erreicht und begann den vorbeifahrenden Autos zu winken. Schon der zweite Wagen hielt an. «Wohin soll es denn gehen?» fragte der Fahrer, ein jüngerer Mann. Werner nannte sein Ziel, und der Mann meinte: «Da komme ich durch, du kannst mitfahren.»

«Ich war bei meiner Großmutter», sagte Werner, nachdem er eingestiegen war. «Jetzt will ich nach Hause zurück und habe das Fahrgeld verloren.» Der Mann lachte, blickte ihn kurz an und kniff ein Auge zu. «Hast du es nicht in Eis angelegt?» fragte er.

17

Es war später Nachmittag, als Werner vor dem Eingang des Mehrfamilienhauses stand, in dem sein Vater wohnte. Er klingelte, aber niemand öffnete. Er klingelte zweimal, dreimal – nichts rührte sich. Es war niemand da. Er mußte warten. Seine Tasche auf den Knien, saß er auf den Stufen vor der Haustür und überlegte. Wenn seine Stiefmutter so schwer krank war, daß er in den Ferien nicht nach Hause kommen durfte, mußte doch jemand da sein.

«Vielleicht ist Vater mit ihr zum Arzt oder ins Krankenhaus gefahren», dachte er.
«Sieh mal, der Werner!» hörte er plötzlich eine Stimme vor sich, und als er aufblickte, stand die alte Frau Friedrich da, die in der obersten Etage wohnte. «Was machst du denn hier?» fragte sie.
«Ich will zu meinen Eltern», antwortete er. «Zu deinen Eltern?!» rief Frau Friedrich erstaunt. «Die sind in den Ferien! Weißt du das nicht?»
Sollte er dieser neugierigen Frau, die er nie leiden mochte, die nichts Besseres zu tun hatte, als alle Neuigkeiten den Nachbarn in die Ohren zu posaunen, die Wahrheit sagen? Er suchte nach einer überzeugenden Ausrede.
«Ich wollte eigentlich zu Tante Martha», sagte er. «Aber ich dachte, meine Eltern wären noch nicht weggefahren.»
Frau Friedrich entnahm seinen Worten, daß keine Tratschgeschichte in Erfahrung zu bringen war, und verlor jegliches Interesse.
«Wann kommen meine Eltern eigentlich zurück?» fragte Werner.
«Woher soll ich das wissen?» entgegnete sie. «Dein Vater spricht kaum mit mir, seitdem er wieder verheiratet ist. Und seine Frau, kennt mich gar nicht, jedenfalls tut sie immer so.»
Sie schloß die Haustür auf und ging hinein. Hinter ihr fiel die Tür ins Schloß.

Was ging sie dieser Werner an? Wie der überhaupt aussah! Als ob er sich eine Woche lang nicht gewaschen hatte. Bei diesen Eltern war das kein Wunder.
«Dann gehe ich eben zu Tante Martha», sagte sich Werner. Sie war Vaters Schwester und wohnte nur ein paar Straßen weiter. Tante Martha hatte selber Kinder und würde ihn bestimmt aufnehmen.
Erst jetzt merkte er, wie heiß es war und daß er einen unbändigen Durst hatte, vom Hunger ganz zu schweigen. Er ärgerte sich, daß er nicht ein paar Gläser von der Babynahrung mitgenommen hatte.
Der Weg führte an seiner früheren Schule vorbei. Am Zaun blieb er stehen und blickte über den Schulhof, der verlassen dalag. Die Sonne brannte auf den Asphalt, über dem die Luft in der Hitze flimmerte. Hier hatte er vor einigen Jahren Fangen gespielt und sich den Kopf aufgeschlagen. Die Wunde mußte genäht werden. Damals hatte er nicht daran gedacht, daß er eines Tages in einem Heim wohnen müßte. «Sie haben mich belogen», dachte er im Weitergehen. «Sie wollten mich nicht bei sich haben, sie wollen mich nie mehr.»
Oder war seine Stiefmutter überraschend schnell wieder gesund geworden? Wenn es so war, hätte sein Vater nicht gleich Urlaub gehabt. Irgendwie paßte das nicht zusammen. Vielleicht wußte Tante Martha mehr.

Seine Tante war nicht begeistert, als sie ihn sah. Sie bereitete ihrem Jüngsten gerade die Flasche zu. «Wo kommst du denn her?» fragte sie, und das klang keineswegs wohlwollend.
«Ich habe doch Ferien», erwiderte er mit seinem gewinnendsten Lächeln, das Geschrei des Babys übertönend. Dabei schob er sich immer mehr zur Küchentür herein und schielte hungrig auf einen Apfelkuchen, der auf dem Tisch stand.
Die Tante folgte seinem Blick und merkte, daß er Hunger hatte. «Setz dich erstmal und iß», sagte sie. Schon um eine Spur freundlicher, schnitt sie ihm ein Stück Kuchen ab und stellte ein Glas Milch daneben. Dann gab sie dem Kind die Flasche.
«Ich denke, du bist im Heim?» fragte sie.
«Die Erzieherinnen sind alle in die Ferien gefahren», antwortete er mit vollen Backen. «Deswegen konnte ich nicht dort bleiben. Ich habe gesagt, ich fahre nach Hause zu meinen Eltern, und da haben sie gesagt, es ist gut. Ich konnte ja nicht ahnen, daß sie verreist sind. Papa hatte geschrieben, daß Mutter krank ist.»
Das überzeugte die Tante, die zugleich befürchtete, den Jungen nicht mehr los zu werden. «Krank?» fragte sie. «Davon weiß ich nichts. Als ich sie das letztemal sah, war sie ziemlich munter, diese Dame.» Das letzte Wort zog sie etwas in die Länge und rümpfte die Nase.

Werner hatte aufgegessen und sah sie erwartungsvoll an. «Sie mag die also auch nicht», dachte er. Das machte ihn etwas mutiger. «Kann ich nicht solange bei dir bleiben, bis die Eltern zurück sind?» fragte er. Seiner Tante schien der Gedanke nicht zu gefallen.

«Wie komme ich denn dazu?» fuhr sie ihn an. «Schließlich bist du kein Waisenkind! Ich habe die Plackerei mit meinen Kindern, meinem Mann und zusätzlich noch mit dir, und dein Vater macht sich schöne Tage mit diesem blonden Frauenzimmer, diesem hergelaufenen Weibsbild.» Sie stockte, weil sie offenbar keine passende Bezeichnung mehr fand, die den Ohren eines Dreizehnjährigen zuzumuten war. «Das wäre ja noch schöner», fügte sie hinzu und begann den Küchentisch abzuräumen. Für sie war die Angelegenheit erledigt.

Werner wußte nicht weiter.

«Du könntest es bei Tante Irma und Onkel Herbert versuchen», sagte sie. «Die haben keine Kinder und ein ganzes Haus für sich alleine.»

Werner blieb noch einen Moment sitzen. «Dann werde ich mal gehen», sagte er unschlüssig, und als seine Tante nicht widersprach, «vielen Dank für den Kuchen und die Milch!»

Das Haus von Onkel Herbert lag am Stadtrand, ein schöner neuer Bungalow in einem großen Garten. Es machte einen sauberen, gepflegten Eindruck.

Werner öffnete verlegen die Gartenpforte und betrat den Plattenweg, der zur Haustür führte. Hekke und Rasen waren geschnitten, die Kanten sorgfältig abgestochen, unter den noch kleinen Büschen standen Gartenzwerge und ein Rehkitz. Werner trat näher heran, um die Figuren zu betrachten; aber da fiel ihm ein, daß Onkel Herbert mit seinem Rasen sehr eigen war, und schnell sprang er zurück auf den Plattenweg. Hoffentlich hatten ihn der Onkel oder die Tante nicht vom Fenster aus gesehen.

Seine Bedenken waren unnötig. Auch hier schien niemand zu Hause zu sein. Vorsichtig ging Werner um das Haus herum. Auf der Terrasse stand eine Hollywoodschaukel in der Sonne. Er setzte sich hinein und schlief, müde wie er war, gleich darauf ein.

Das Gekläff eines schwarzen Zwergpudels, der wild um die Liege herumsprang, weckte ihn. Hinter dem Hund tauchten Onkel Herbert und Tante Irma auf. Verdutzt blieben sie stehen.

«Was machst du denn hier?» fragte der Onkel, nachdem er seine Überraschung überwunden hatte.

Bevor Werner antworten konnte, bemerkte seine Tante: «Sieh dir mal an, wie schmutzig er ist! Und so legt er sich in unsere neue Hollywoodschaukel!»

Werner sah von einem zum anderen. Der Pudel

sprang kläffend zwischen ihnen hin und her, bis ihn die Tante auf den Arm nahm und ihm beruhigend den Kopf kraulte.
«Ich habe doch Ferien», sagte Werner unsicher. Er fühlte sich wie ein auf frischer Tat ertappter Einbrecher. «Im Heim sind alle in die Ferien gefahren, da wollte ich auch nach Hause, aber die Eltern sind verreist.»
Der Onkel musterte ihn von oben bis unten. «Komm erstmal herein, wenn du schon hier bist», meinte er schließlich.
«Was soll er denn drinnen?» fuhr die Tante dazwischen. «Du siehst doch, wie verdreckt er ist!»
«Sicher», brummte der Onkel. «Aber irgend etwas müssen wir ja nun mit ihm anfangen.»
«Warum müssen wir das?» entgegnete seine Frau. «Bist du sein Vormund? Oder sind wir die Dienstboten deines Bruders?»
«Das nicht», erwiderte der Onkel, «aber du weißt doch ...»
Sie fiel ihm ins Wort: «Soll sich Martha um ihn kümmern oder die Oma. Wir haben mit dem Garten Arbeit genug.»
«Bei Tante Martha war ich schon», wandte Werner ein. «Sie hat mich zu euch geschickt.»
«Siehst du!» Die Tante blickte ihren Mann triumphierend an. «Die haben schneller geschaltet als du.»

«Und was machen wir jetzt mit ihm?»
«Am besten, du fährst ihn zur Großmutter. Die hat sowieso nichts zu tun.»
«Wenn du meinst.» Onkel Herbert fühlte sich offensichtlich nicht wohl in seiner Haut, schien jedoch seiner Frau nicht widersprechen zu wollen.
«Dann laß uns gleich losfahren», brummte er und ging mit Werner zur Garage. «Hier», er reichte ihm eine Zeitung, «darauf kannst du dich setzen, damit die Bezüge nicht schmutzig werden. Der Wagen ist noch ganz neu.»

18

Die Großmutter wohnte in der Nähe in einem Dorf. Da es Abend geworden war, hatte es der Onkel eilig. Er ließ den Wagen mit laufendem Motor vor der Gartenpforte stehen, um nur kurz guten Tag zu sagen. Die Großmutter war aber nicht da.
«Dann mußt du eben auf sie warten», meinte der Onkel. «Wir bekommen heute abend Besuch und ich muß schnell zurück.» Er setzte sich in sein Auto und fuhr fort.
Von einer Nachbarin erfuhr Werner, daß die Großmutter erst am nächsten Morgen vom Babysitten zurückkomme.

Er strich um das Haus herum und suchte nach einem Einlaß. Doch die Türen und Fenster waren fest verschlossen. Als letzte Möglichkeit blieb ihm, ein Fenster einzuschlagen. Bei einem kleinen Kellerfenster würde am wenigsten Schaden entstehen. Mit einem Stock stieß Werner eine der Scheiben ein, entfernte vorsichtig das Glas und brachte es zur Mülltonne. Er öffnete den Fensterriegel und kroch durch die enge Öffnung in den Keller. Dort stieg er die Treppe hinauf und stellte zu seiner Enttäuschung fest, daß die Tür zum Hausflur abgeschlossen war. Sollte er ein anderes Fenster einschlagen oder die Nacht im Keller verbringen?
Noch mehr Schaden anzurichten, widerstrebte ihm. Außerdem lag das Kellerfenster so hoch, daß er ohne Leiter nur mit Mühe herausgekommen wäre. Er entschloß sich, zu bleiben.
Solange noch etwas Tageslicht hereinkam, blickte er sich um. An der einen Wand sah er ein Regal mit Eingemachtem. Schnell öffnete er ein Glas Kirschen, aß und trank und fühlte sich gleich etwas wohler. Danach suchte er sich einen Platz zum Schlafen. Er fand einige Pappkartons und Kartoffelsäcke, aus denen er sich in einer Ecke sein Bett machte.
Die Kleider behielt er an. Da er in der vergangenen Nacht kaum geschlafen hatte, war er rechtschaffen müde. So schlief er, trotz seiner Angst vor bö-

sen Geistern und vor Ratten, augenblicklich ein. Er schlief fest und traumlos.
Die Großmutter kam am Morgen gegen acht Uhr nach Hause und bereitete sich ihr Frühstück. Nachdem sie das Kaffeewasser aufgesetzt hatte, brachte sie ihre Küchenabfälle zur Mülltonne an die Gartentür. Da sie Scherben klirren hörte, schaute sie nach und fand die Stücke einer zerbrochenen Fensterscheibe. Das kam ihr verdächtig vor. Argwöhnisch ging sie um ihr Haus und betrachtete sämtliche Scheiben. Plötzlich entdeckte sie den leeren Rahmen am Kellerfenster. Sie bekam einen heftigen Schreck. Schnell griff sie sich einen Rechen, um im Notfall nicht ganz wehrlos zu sein, und rief zum Fenster hinein: «Hallo, ist da jemand!?»
Eine Jungenstimme antwortete: «Ich bin's, Großmutter, der Werner!»
Sein verdrecktes Gesicht, aus dem die Augen wie Kieselsteine hervorleuchteten, erschien im Fensterrahmen.
«Die Kellertür ist abgeschlossen, ich komm nicht hinaus!»
Kopfschüttelnd lief die alte Frau in den Hausflur zurück, um ihm zu öffnen. Und kurz darauf erzählte Werner zum drittenmal sein Märchen von den großen Ferien und auch von seinen Erfahrungen mit den Tanten und dem Onkel.

«Eine neue Fensterscheibe setze ich dir morgen ein», schloß er den Bericht. «Das ist ganz einfach, du wirst es sehen.»
Die Großmutter seufzte und schien bedrückt. «Seit dein Vater diese Frau geheiratet hat, ist er völlig verdreht», sagte sie über ihren Sohn. «Er war ein lieber Junge, bis deine Mutter starb. Seither ist nicht mehr mit ihm zu reden.»
Sie schimpfte auf ihre Schwiegertochter, die keinen Pfifferling wert sei, und auf ihre Tochter und den zweiten Sohn, die Werner abgeschoben hatten. «Herbert und seine Frau arbeiten beide wie Pferde, und statt Kinder haben sie einen Hund», wetterte sie. «Das Vieh wollte mir neulich einen Sessel anknabbern, da habe ich ihm eins mit dem Pantoffel übergezogen. Was meinst du, was da los war?»
Werner lachte, und die Großmutter konnte sich ihren Ärger endlich einmal von der Seele reden. «Die kommen nur, wenn sie etwas wollen. Es ging um die Erbschaft, als sie hier waren. Aber solange ich lebe, kriegen sie keinen Pfennig. Ich habe doch sowieso nichts als dieses Haus.» Nachdem sie sich auf diese Weise etwas Luft gemacht hatte, ging sie zu den praktischen Dingen des Lebens über. «Hast du denn wenigstens Kleider zum Wechseln bei dir?»
«Nur Unterwäsche», antwortete Werner kleinlaut. Dann müsse er für den Rest des Tages in der Unterhose herumlaufen, erklärte die Großmutter. Auf

jeden Fall müßten sein Hemd, seine Hose und Werner selbst sofort gewaschen werden. Während sie ihn in die Badewanne verfrachtete, weichte sie seine verschmutzten Sachen ein und deckte den Frühstückstisch. Da sie gemerkt hatte, daß Werner sehr hungrig war, schlug sie für ihn noch zwei Eier in die Pfanne.
In ein großes Badetuch gewickelt, saß Werner am Tisch, auf dem ein frisches Weißbrot lag und ein Glas selbstgemachter Erdbeermarmelade stand. Zu den Spiegeleiern bekam er eine dicke Scheibe Vollkornbrot.
«Das schmeckt wie im Restaurant», stellte er fest, «viel besser als im Heim.»
Er fühlte sich nach langer Zeit wieder geborgen. Die Großmutter würde ihn nicht wegschicken, das hatte er gemerkt. Mit Heißhunger aß er, bis vom Weißbrot nur noch die Hälfte übrig war.
«Dabei geht es ihnen allen viel besser als mir mit meiner kleinen Rente», fing die Großmutter nach dem Frühstück erneut an. «Es ist etwas Wahres an dem Sprichwort, daß Eltern eher zehn Kinder ernähren, als zehn Kinder ihre Eltern.»
«Zu mir kannst du später immer kommen», sagte Werner, «ich kann dich ernähren, wenn ich erst arbeite.»
Werner ging der Großmutter zur Hand, wo er konnte. Er pflückte Erbsen und Bohnen, die ge-

trocknet wurden, sammelte Johannisbeeren und Stachelbeeren, aus denen Marmelade gekocht wurde, er setzte die Erdbeeren um, pflanzte Winterkohl und holte aus dem Wald Holz zum Anfeuern und Tannenzapfen. Er half bei der Ernte der Frühkartoffeln und reparierte den Gartenzaun.
Obwohl die Großmutter nur über ein sehr geringes Einkommen verfügte, brauchten die beiden nichts zu entbehren. Kartoffeln, Gemüse, Salat und Obst hatten sie im Garten; ein bißchen Quark, Wurst und Käse konnten sie sich leisten. Werner war nicht anspruchsvoll. Zum Schlafen richtete er sich das Mansardenzimmer ein, das leerstand und wo er sich wie im Himmel fühlte.
Abends saßen sie gemütlich zusammen in der Stube. Manchmal sahen sie fern, die Großmutter nähte oder las die Zeitung. Einmal stopfte Werner seine Socken und flickte seine Hose. Der Großmutter verschlug es die Sprache.
Das habe er von seiner Freundin Karola in der Handarbeitsstunde gelernt, in die er manchmal mitgehen durfte, erzählte er. Dafür hatte er Karola in den Werkunterricht mitgenommen. Er berichtete von Frau Mahler, wie gut er mit ihr auskam, und von Herrn Christmann, der ihn hatte sitzenlassen.
Eines Abends fand er unter den Büchern im Wohnzimmerschrank «Wolfsblut» von Jack London, das ihm lesenswert erschien. Zwei Tage war er nicht

ansprechbar, bis er das Buch ausgelesen hatte, in dem die spannende Geschichte eines Wolfshundes in Alaska erzählt wurde.
Werner empfahl der Großmutter: «Das mußt du auch mal lesen.» Aber die Großmutter las keine Bücher. Das hatte sie nie getan und wollte auch nicht mehr damit anfangen. «Ich habe genug an meiner Zeitung», erwiderte sie.
Die beiden kamen gut zurecht und gewöhnten sich immer mehr aneinander. Eine Woche nach der anderen verging. Auf einmal war das Ende der Ferien herangerückt.
Da fuhr eines Nachmittags Werners Vater vor. Schon seiner Miene war anzumerken, daß er sich ärgerte. Die Großmutter beachtete er kaum, wünschte nur mürrisch «Guten Tag» und sagte, daß er seinen Sohn zurück ins Heim bringen wolle.
«Was dachtest du dir dabei, einfach zu verschwinden?» schimpfte er. «Kaum sind wir aus den Ferien zurück, gibt es Ärger mit dir! Ob du zu Hause bist oder im Heim, du stellst dauernd etwas an. Und dann tischst du Tante Martha und Onkel Herbert diese Märchen auf!»
«Du hast damit angefangen», wehrte sich Werner, «als du geschrieben hast, daß Mutter krank sei und ich nicht nach Hause kommen könne.»
«Pack deine Sachen und komm!» schrie der Vater, der wütend wurde.

«Wenn du mich nicht mit nach Hause nimmst, will ich hierbleiben!» rief Werner.
«Wohin du gehörst, bestimme ich!» schrie ihn sein Vater an.
Die Großmutter stand ratlos und aufgeregt daneben. «Wenn er nicht ins Heim will», warf sie ein, «laß ihn doch hier. Wir haben eine Schule, in die er gehen kann, gleich im nächsten Dorf. Du könntest mir das, was du an das Heim zahlst, als Kostgeld geben.»
«Das würde dir so passen!» fuhr ihr Sohn sie an. «Aber daraus wird nichts! Der Junge kommt wieder ins Heim, da machen sie einen anständigen Menschen aus ihm! Hier würde er nur verwöhnt und verzogen!»
Er schien sich zu besinnen. «Außerdem wird das Heim vom Jugendamt bezahlt», fügte er, etwas ruhiger geworden, hinzu.
Werner drehte sich um und wollte in den Garten hinaus. So sah es also aus. Sie hatten ihn abgeschrieben. «Ich gehe nicht mit, ich bleibe hier», stellte er fest. Es klang wie eine beiläufige Bemerkung.
Sein Vater lief rot an, verpaßte ihm eine Ohrfeige und brüllte: «Du packst sofort deine Sachen!»
«Es gibt nicht viel zu packen», sagte die Großmutter. «Er hat kaum mehr mitgebracht als er am Leibe trägt.»

Werner holte seine Tasche, warf seine Habseligkeiten hinein und ging hinter dem Vater zur Tür.
«Mach's gut, mein Junge», sagte die Großmutter, und ihre Stimme zitterte. Sie wandte sich ab und wischte sich über die Augen. Weinend stieg Werner in das Auto.

19

Alles war umsonst! Die Flucht, das Frieren, das Hungern, alles! Er wurde von seinem Vater in ein anderes Heim gebracht. Frau Schrader wollte ihn nicht wieder aufnehmen, und sein Vater hatte schon sämtliche Formalitäten geregelt. Sogar sein Koffer stand schon in dem neuen Heim.
Als erstes fiel Werner auf, daß es viel größer war als das vorige. Der Heimleiter hieß Doktor Tietz und wurde «Herr Direktor» genannt. Man konnte auch «Herr Doktor» zu ihm sagen, wenn man Gelegenheit dazu hatte.
Werner sah ihn nur am ersten Tag, als sein Vater ihn ablieferte. Der Direktor reichte ihn gleich weiter an einen Erzieher, Herrn Brück, der die Gruppe «Wüstenfüchse» betreute, der Werner zugewiesen war.
Das Heim bestand aus mehreren Häusern. Das

Verwaltungsgebäude, in dem sich auch die Küche befand, war schon älter. Dort sah es so ähnlich aus wie bei Frau Schrader. Alle anderen Häuser waren neuer und lagen verstreut in einem parkähnlichen Gelände. Sie gingen teilweise ineinander über und machten mit ihren roten Ziegelmauern, überdachten Wandelgängen und großen Fenstern einen angenehmen Eindruck.
Der Erzieher schien nett zu sein. «Gruppenvater» hatte der Direktor gesagt. Dabei war Herr Brück noch gar nicht so alt.
«Bei den Wüstenfüchsen sind zwölf Jungen», erklärte er, als sie hinübergingen. «Die meisten sind vierzehn bis sechzehn Jahre alt. Wir haben Zweibettzimmer, und du kommst zu Andreas Hoffmann, der ist vierzehn.»
Herr Brück zeigte auf ein langgestrecktes Gebäude: «Dort sind unsere Werkstätten. Wer seinen Schulabschluß hat, kann hier eine Lehre beginnen, wenn er will. Natürlich wird niemand zu etwas gezwungen. Wir gehören zur freiwilligen Erziehungshilfe. Du hast auch die Möglichkeit, in der Stadt weiter zur Schule zu gehen.»
Das Heim besaß eine Hauptschule mit Turnhalle, einen Sportplatz und ein Lehrschwimmbecken. In den Wohnhäusern gab es Gemeinschaftsräume für jeweils zwei bis drei Gruppen. Das Essen wurde aus der Gemeinschaftsküche geholt, man konnte sich

aber zwischendurch selber in einer kleinen Küche Kaffee kochen. Auch ein Fernseher war vorhanden.
Herr Brück machte Werner mit seinem Zimmergefährten Andreas bekannt, erläuterte den Tagesablauf und holte aus seinem Büro einen Merkzettel, auf dem alles Wichtige stand. Dann konnte Werner einräumen.
Die Zimmer waren nicht groß, aber gemütlich. Jeder hatte einen Schrank, einen Stuhl und einen Schreibtisch. Die Betten lagen übereinander, und Werner erhielt das obere Bett, worüber er sich freute.
Andreas Hoffmann war nicht auf den Mund gefallen, das merkte man gleich.
«Ich mache lieber 'ne Fliege», sagte er, «und hau mich vor die Glotze, bis du eingeräumt hast.»
Er ging, streckte den Kopf noch einmal herein und meinte: «Du kannst Andi zu mir sagen.» Klein und stämmig, sah er mit seinem Bürstenhaarschnitt, den engen Jeans und den schiefgetretenen Cowboystiefeln beeindruckend aus, fand Werner.
Beim Abendessen lernte er die andern kennen. Der Erzieher aß mit ihnen und stellte ihn vor. Die anderen sahen kurz auf und unterhielten sich weiter.
«Wo ich vorher war, durfte ich beim Essen nicht sprechen», sagte Werner zu Andi, der neben ihm saß.

«Ne, wirklich?» Andi sah ihn ungläubig an. «Da fällt dir ja der Kitt aus der Brille. Würde ich mir nicht gefallen lassen.»
«Ich mir auch nicht mehr», erwiderte Werner schnell und wechselte das Thema.
Nach dem Abendessen sagte Herr Brück: «Morgen um halb acht gibt es Frühstück, und kurz vor acht bringe ich dich in deine Klasse.»
Auf dem Flur trafen sie ihre zwei Zimmernachbarn, Sepp und Hammer. Sepp hieß eigentlich Joseph und Hammer hieß Horst. Hier schien keiner so genannt zu werden, wie er richtig hieß. Nur Werner hieß Werner.
Er gab den beiden die Hand und Sepp fragte: «Hast du Zigaretten zu tauschen?»
Werner verneinte, und Andi fragte die beiden: «Wo geht ihr hin?»
Als sie auf den Fernsehraum zeigten, meinte er: «Bis ihr Kastenaugen habt!» Er sah selber fast jeden Abend fern und, wenn es bei besonderen Filmen erlaubt war, auch nachmittags, wie er grinsend zugab.
«Was sollen wir hier sonst machen?» meinte er achselzuckend. «Tischtennis und Schach spiele ich nicht, dazu habe ich keine Lust. Nachmittags gehe ich meistens auf den Fußballplatz. Wir haben eine Mannschaft, die ist Spitze.»
Beim Zubettgehen fragte Werner seinen Zimmer-

gefährten: «Sag mal, Andi, wie ist der Brück eigentlich so?»
Andi dachte einen Moment nach. «Einige aus den anderen Gruppen mögen ihn nicht, weil er eklig sein kann, wenn er etwas durchsetzen will. Neulich haben einige Ältere mit besoffenem Kopf eine Türscheibe eingeschlagen. Er hat dafür gesorgt, daß sie die Reparatur bezahlen mußten. Manche nennen ihn Krück. Aber wir sagen Hein. Das hat er uns erlaubt, es ist eine Abkürzung für Heinrich. Der ist nämlich astrein, der Typ, wirst du schon noch merken.»
Als sie schon das Licht gelöscht hatten, sagte Andi: «Mir hat er einmal unheimlich aus der Klemme geholfen, als ich in einem Kaufhaus eine Platte gefunden hatte und mit den Bullen angereist kam.»
«Eine Platte gefunden?» fragte Werner.
«Die hatte ich echt geklaut, ist doch klar. Was meinst du, wie mir da die Muffe ging, ehrlich. Aber da war der ganz cool, unser Hein. ‹Meine Herren›, hat er gesagt, ‹so ein Warenhaus lädt die Kinder zum Stehlen ein.› Das hat er gebracht. Und daß er die Klauerei bedauerlich findet, da waren sie wieder etwas beruhigt. Sie konnten mir sowieso nichts, weil ich noch keine vierzehn war.»
Er schwieg, und Werner fragte nach einer Weile: «Wie ging es dann weiter?»
«Ich mußte hin und mich entschuldigen. Hab' ich

auch getan. Hinterher hat Hein nur gesagt: ‹Das kommt mir nicht noch einmal vor.› Mehr nicht.»
Er drehte sich auf die andere Seite, und nach wenigen Minuten war an seinen gleichmäßigen Atemzügen zu erkennen, daß er eingeschlafen war.
Werner konnte noch nicht schlafen. Die halbe Nacht lag er wach und dachte an die Großmutter, an Frau Mahler, an Karola, an sein früheres Heim und an seinen Vater und seine Stiefmutter. An Frau Mahler und die Klasse wollte er gleich am nächsten Tag einen Brief schreiben, um ihnen alles zu berichten. Die würden Augen machen! Vielleicht würden sie ihm zurückschreiben, ganz bestimmt sogar. Seinem Vater wollte er nicht schreiben, nie mehr. Das nahm er sich fest vor. Mit ihm wollte er nichts mehr zu tun haben; mit seiner Stiefmutter schon gar nicht.

20

In diesem Heim war alles anders als im vorigen. Werner kam aus dem Staunen nicht mehr heraus. Man durfte bis zehn Uhr auf dem Zimmer Licht anhaben, man durfte – nach Absprache mit dem Erzieher – fernsehen, man durfte sogar allein in die Stadt, um sich etwas zu kaufen. Man durfte ganz

schön viel, fand Werner, fast alles, solange man die anderen nicht damit störte. Er lebte sich gut ein.
Seine früheren Klassenkameraden hatten ihm zum Abschied einen Fußball geschickt, einen richtigen großen aus hellem Leder. In die wabenartigen Felder hatten alle ihren Namen geschrieben. Den bewahrte Werner einige Wochen lang in seinem Zimmer oben auf dem Bücherbord über dem Schreibtisch auf. Nachdem er sich jedoch daran sattgesehen hatte und merkte, wie er um diesen Ball beneidet wurde, nahm er ihn mit auf den Fußballplatz.
Die anderen Bälle waren unter Verschluß bei einem Erzieher. Man mußte sie immer erst holen, sich manchmal sogar erbetteln. Es kam auch vor, daß der Erzieher gerade nicht erreichbar war, wenn man Fußball spielen wollte.
Jetzt besaß Werner so ein begehrtes Leder und man konnte spielen, wann man wollte. Daß Werner mitspielen durfte, versteht sich von selbst. So kam es, daß er sich in seiner Freizeit immer mehr auf Fußball verlegte. Wochenlang verbrachte er die Nachmittage auf dem Fußballplatz. Dennoch kam er in der Schule gut mit, da die Anforderungen nicht sehr hoch waren.
Er hatte gesehen, daß Andi tätowiert war. Auf der Innenseite des rechten Unterarms trug er ein Schwert, um das sich eine Schlange wand. Das imponierte ihm mächtig.

«Wo kriegt man denn das her?» fragte er Andi. Der klärte ihn auf. «Das kann hier fast jeder, peikern nennt man das. Aber wenn ich dir einen Tipp geben darf: Laß das nur bei Schnulli machen. Der nimmt zwar drei Schachteln Zigaretten dafür, aber du kannst dich hinterher damit sehen lassen. Schließlich läuft man dann sein Leben lang damit herum.»
Daß man diese Tätowierungen nie wieder loswürde, war Werner unheimlich daran. Er fühlte, daß er etwas Unwiderrufliches machte, falls er sich darauf einließ. Eigentlich mochte er das nicht. Aber alle andern waren tätowiert, manche sogar mehrfach und an allen möglichen und unmöglichen Körperstellen.
Es gab mehrere Motive, zumeist zweifarbig, in Blau und Rot. Am beliebtesten und am dekorativsten waren das Schwert mit der Schlange und das sogenannte Seemannsgrab, ein Halbkreis mit einem Kreuz darauf vor den Strahlen der Sonne. Das waren die verhältnismäßig großen Tätowierungen. An kleineren gab es beispielsweise Rosen, Kleeblätter, Schmetterlinge, Dolche, Anker oder Herzen mit und ohne Inschrift.
Eines Abends saßen sie zu fünft zusammen bei Sepp und Hammer im Zimmer. Sepp hatte von seiner Mutter zum Geburtstag Geld zugesteckt bekommen und dafür, vom Erzieher unbemerkt, eine Flasche Schnaps gekauft. Den tranken sie.

So richtig Schnaps getrunken hatte Werner bis dahin noch nicht, höchstens einmal genippt. Er beobachtete, wie die anderen einen kräftigen Schluck aus der Flasche nahmen, jeder eine Daumenbreite, und tat es ihnen nach. Währenddessen bot Sepp Zigaretten an. «Mann, das ist ja wie bei reichen Leuten», sagte Schnulli. Sein Bulldoggengesicht, das immer etwas verkniffen wirkte, strahlte ausnahmsweise.
Hammer und er waren die Stärksten. «Mit denen legst du dich am besten gar nicht erst an», hatte ihn Andi gleich zu Anfang gewarnt. «Schnulli hat mal einen halb totgeschlagen.» Mehr hatte er darüber nicht erzählen wollen. «Du kannst ihn ja selber fragen», meinte er, «würde ich dir aber nicht empfehlen.» Der Schnaps, es war Rumverschnitt, kratzte in der Kehle und schmeckte fürchterlich. Werner hätte sich beinahe verschluckt. Mit Mühe unterdrückte er den Hustenreiz.
Schnulli war bereits achtzehn und im zweiten Lehrjahr als Schlosser, ein Brocken von einem Kerl, dazu einsneunzig groß. Als einziger in der Gruppe hatte er schon richtig hinter Gittern gesessen, also mehrere Monate hintereinander und nicht nur zwei Tage am Wochenende. Da hatten sie ihm auch das Tätowieren beigebracht und verschiedene andere Fähigkeiten, zum Beispiel ein Sicherheitsschloß oder ein Auto zu knacken. Das war vor

knapp einem Jahr gewesen. Die Anstaltsleitung hatte sich damals – auf Veranlassung des Erziehers – dazu durchgerungen, ihn in der freiwilligen Erziehungshilfe zu behalten, damit er seine Lehre fortsetzen konnte. Außerdem war man davon ausgegangen, daß er nicht rückfällig werden würde, weil es sich um eine Körperverletzung bei einem Familienstreit gehandelt hatte.
Hammer wollte gern ein Herz auf den Oberarm tätowiert haben. Er ging seit einigen Wochen mit einem Mädchen, das er in der Diskothek kennengelernt hatte. Überhaupt blieb Hammer nachts oft länger weg und wurde dann von Sepp durch das Fenster hereingelassen. Das war bisher gutgegangen, weil die Erzieher abends fast nie die einzelnen Zimmer kontrollierten, sondern lediglich die Eingangstür abschlossen.
Zum Tätowieren mußte Schnulli sein «Besteck» holen, wie er das nannte. Werner hatte gedacht, er würde mit einem richtigen Tätowier-Apparat ankommen, und war ganz enttäuscht, als nur einige Nähnadeln, etwas Garn, Watte und ein paar Tuschegläschen zum Vorschein kamen.
«Das reicht völlig», erklärte Schnulli, der Werners Enttäuschung bemerkte. «Im Knast hatten wir 'ne Maschine, echt stark. Der Motor von einem Rasierer. Aber darauf kommt's nicht an. Mit der Hand bin ich sogar besser.»

Er nahm drei Nadeln, die er mit Garn umwickelte, so daß nur die Spitzen frei blieben. Dann mußte Hammer sein Hemd ausziehen und sich auf einen Stuhl setzen. Schnulli setzte sich auf einen zweiten Stuhl daneben. Er goß etwas Rum auf einen Wattebausch, mit dem er die Haut abrieb, und zeichnete mit Tusche sorgfältig ein Herz auf Hammers Oberarm. Danach zeichnete er die Buchstaben hinein. Anschließend begann er, mit der linken Hand die Haut straffend, die Linien mit den in Tusche getauchten Nadeln nachzustechen. Zum Desinfizieren und Säubern verwendete er Rum.
Bei den ersten Stichen wurde Hammer etwas unruhig, das schien zu schmerzen. Nach einer Weile wurde er ganz friedlich, richtig andächtig. Die Prozedur dauerte fast eine halbe Stunde. Schnulli war mit einer Konzentration bei der Sache, die man ihm nicht zugetraut hätte. Er war wirklich gut im Tätowieren. Seine Zunge zwischen den Lippen arbeitete mit; und seine Hände, denen der Umgang mit Metall anzusehen war, bewegten sich mit einer erstaunlichen Leichtigkeit.
Fast zärtlich betrachtete er das fertige Bild, und auch Hammer war sehr zufrieden.
«Ätzend», sagte er, «echt stark. Das prickelt wie Weihnachten.»
«Du bist ja auch pervers», zog ihn Andi auf, «ein typischer Masochist.»

«Was'n das?» fragte Hammer verblüfft.
«Was Schweinisches natürlich», sagte Sepp, und Andi grunzte wie ein Schwein.
«Heute braucht keiner zu löhnen!» rief Schnulli, einen kräftigen Schluck aus der Flasche nehmend. «Umsonst und gratis, portofrei! Wer will noch mal, wer hat noch nicht?»
Werner wollte. Sepp trug einen blau-roten Schmetterling am Arm, der hatte es Werner angetan. Er konnte sich aber nicht dazu überwinden, seinen Arm oder den Handrücken tätowieren zu lassen. Schnulli setzte ihm den Schmetterling auf die rechte Brustseite, ganz oben, zum Halsansatz hin. Sorgfältig wischte er sein Werk zum Schluß mit einem Wattebausch sauber, liebevoll. «Astgeil», sagte er, seine eigene Arbeit bewundernd. «Und jetzt schlucken wir noch einen.»

21

Karola hatte geschrieben. Nichts Besonderes. Daß die Klasse einen Schulausflug in die Alpen machen wolle und daß Herr Christmann Konrektor geworden sei.
Werner setzte sich gleich hin, um ihr zu antworten. Aber ihm fiel nichts ein, was er ihr schreiben konn-

te und nicht schon in seinem letzten Brief geschrieben hatte.
Merkwürdigerweise verblaßte das Bild von Karola immer mehr in seinem Gedächtnis. Dafür erinnerte er sich mit großer Deutlichkeit an Petra. Er sah ihr trauriges Gesicht mit den großen Augen unter dem schwarzen Haar vor sich und fragte sich oft, wie es ihr wohl gehe. Leider hatte er die neue Adresse nicht, sonst hätte er ihr geschrieben. Bei ihr hätte er keine Schwierigkeiten mit dem Schreiben gehabt. Sie wußte, wie es war, wenn man niemanden hatte, wenn man sich abgeschoben vorkam.
Im Heim war man unter sich, abgesondert und abgekapselt. Nach ein paar Monaten kannte man jeden. Das war ein kleines Dorf für sich, aus dem man nicht herauskam. Immer dieselben Gesichter, immer dieselben Gespräche, immer dasselbe Essen, immer dasselbe Zimmer. Andi ging ihm schon lange auf die Nerven, der klopfte immer nur seine Sprüche. Mit Sepp und Hammer war auch nicht viel los. Fußball, Fernsehen, Rauchen, Trinken, Mädchen. Mehr nicht.
Das konnte einen mit der Zeit ganz schön verrückt machen. Nie etwas Neues, nichts bewegte sich, man wartete. Ab und zu haute mal einer ab und war nach ein paar Tagen wieder da. Manchmal drehte einer durch und kam in die geschlossene Abteilung oder in die Nervenklinik. Das Leben spielte

sich irgendwo draußen ab. Wo, war nicht ausfindig zu machen, Jedenfalls draußen, woanders. Vielleicht dort, wo die Fernsehkrimis spielten.
Er konnte in die Stadt gehen, wenn es der Erzieher erlaubte. Aber er hatte kein Geld, und er kannte niemanden. Immer in den Kaufhof zu gehen, hin und her zu latschen, rauf und runter zu fahren, war auf die Dauer auch langweilig. Manche gingen ins «Bierkontor», das war eine Kneipe, oder ins «Gaslicht», das war eine Diskothek. Das kostete Geld. In den Spielhallen mochte man auch nicht einfach herumstehen.
Sein monatliches Taschengeld betrug nur vierzig Mark. Abgesehen davon, daß es vom Erzieher verwaltet wurde, reichte es nicht einmal bis zum Monatsende. Woher also die drei Mark für eine Cola-Rum nehmen? An ein Buch war schon gar nicht zu denken, höchstens an Comics oder Western. Seine Verwandten schickten kein Geld, zu denen hatte er überhaupt keinen Kontakt mehr. Er hatte nichts und kannte keinen. Er fühlte sich ausgestoßen.
Einige Monate war er schon im Heim, da kam ihn eines Tages seine frühere Lehrerin, Frau Mahler, besuchen. Sie hatte sich angemeldet, der Besuch war vom Erzieher genehmigt worden, und Werner erwartete sie an der Pforte. Als er sich umsah, bemerkte er einige aus seiner Gruppe, die neugierig in der Nähe herumstrichen. Andi und Sepp standen

vor dem Schwarzen Brett und taten so, als studierten sie die Aushänge; Hammer stand weiter hinten am Fenster. In dem Moment wurde ihm klar, daß er einen Fehler begangen hatte. Frau Mahler war für die anderen zu einer Superlehrerin geworden, zu einer Traumfrau. Er hatte mit ihr angegeben, geprotzt, daß sie ihn jetzt besuchen komme, erzählt, wie nett sie war, wie gut sie aussah und daß sie ihn bevorzugt und ihm immer Geld geschenkt hätte. Jetzt waren Andi und die anderen so gespannt, daß sie ihm hinterherspionierten. Dabei hatte sie ihm nie Geld geschenkt, aber nett gewesen war sie schon.

Frau Mahler kam um vier Uhr. Sie machte einen müden Eindruck und berichtete von Staus auf der Autobahn. Sie gingen zusammen spazieren. Werner zeigte ihr die Schule, das Lehrschwimmbecken, die Turnhalle, den Sportplatz. In die Werkstätten kamen sie nicht hinein, weil Sonnabend war und nicht gearbeitet wurde.

Die Lehrerin erzählte dasselbe, was Karola in ihren zwei Briefen geschrieben hatte. Sie fragte, wie er sich fühle, und er sagte dasselbe, was er an Karola geschrieben hatte. So richtig ins Gespräch kamen sie nicht miteinander.

Werner war sogar ein bißchen enttäuscht. Er hatte sie ganz anders in Erinnerung gehabt, viel herzlicher, mütterlicher, und nicht so sachlich. Um fünf

mußte sie schon wieder gehen, weil sie in der Stadt noch anderweitig verabredet war. Werner ließ sich von ihr noch schnell die Adresse von Petra aufschreiben. Dann gab Frau Mahler ihm zum Abschied ein kleines Päckchen, das mit einem roten Band umwickelt war. Es wirkte sehr wertvoll.
Auf dem Weg zurück riß er das Päckchen hastig auf. Zum Vorschein kam eine Tafel Schokolade. War das etwa alles? Er untersuchte das Einwickelpapier und besah sich die Schokoladentafel von allen Seiten, aber es blieb bei der Schokolade und dem Papier. Da erblickte er Andi und Sepp, die offenbar auf ihn gewartet hatten.
«Ganz schön scharf, die Keule», meinte Andi anerkennend. «Na, dann schieb mal ein paar Stäbchen rüber», sagte Sepp.
«Hab doch selber keine», erwiderte er und wollte weitergehen. Da sahen sie die Tafel Schokolade.
«Eh Kerl», kicherte Sepp und stieß Andi an, «sie hat ihm etwas Süßes mitgebracht! Wie findest du denn das, süß was?»
Hammer kam dazu. «Zeig mal!» rief er und wollte Werner die Schokolade aus der Hand nehmen. Dann wäre sie natürlich weg gewesen.
Er drehte sich zur Seite und ging an Hammer vorbei. «Ihr Heimchens!» sagte er so selbstsicher er konnte, «fünfzig Eier hat sie mir dagelassen. Nächste Woche steigt bei mir 'ne Fete.»

«Was?» staunte Hammer, «zeig mal her den Lappen.»
«Zeig mal, zeig mal!» äffte er ihn nach. «Könnt ihr einen nicht in Ruhe lassen?!»
Eine Woche später fragten Sepp und Hammer nach dem Abendessen: «Sag mal, Werner, wann machst du denn die Fete, von der du gesprochen hast?»
Was sollte er antworten? Er hatte es doch versprochen. «Samstag», sagte er und ging in sein Zimmer.
Er mußte Schnaps besorgen, wenigstens eine Flasche, und Zigaretten. Möglichst noch etwas Stoff, weil er schon zweimal bei Sepp und Schnulli umsonst gekifft hatte.
Wo konnte er das Geld dafür auftreiben? Sein Taschengeldkonto war nahezu leer, neues Taschengeld bekam er erst in zehn Tagen, und der Erzieher rückte sowieso nur markweise damit heraus.
Er zermarterte sich den Kopf, aber ihm fiel nichts ein. Andi kam herein. «Wie sieht es am Samstag aus?» fragte ihn Werner. «Wir wollten doch eine Sause machen.»
«Hab' schon gehört», sagte Andi. «Das geht okay.» Er nahm ein Comicheft, zog seine Schuhe aus und legte sich aufs Bett.
«Wenn ich nun sage, daß die fünfzig Mark weg sind», überlegte Werner, «dann könnte ich die Fete verschieben.» Er nahm die Tafel Schokolade vom

Bücherbord, öffnete die Umhüllung und rief, als sei er völlig überrascht: «Meine fünfzig Mäuse sind weg! Ich glaube, die sind geklaut!»
Andi sah ihn groß an. «Du hast wohl eine auf der Schalmei!»

22

«Ihr wißt, worum es geht», begann Herr Brück. «Werner sind fünfzig Mark abhandengekommen, und es ist zu befürchten, daß sie gestohlen wurden.»
Keiner sagte etwas. Der Erzieher hatte sie nach dem Mittagessen zusammengerufen. Jetzt saßen sie um den Tisch herum, und Heinrich Brück, genannt Hein und von Beruf Erzieher oder auch Gruppenvater, wußte offensichtlich nicht, was er machen sollte. Oder tat er nur so? Sein Gesicht wirkte runder und bartloser als sonst, sein Blick unbestimmter. An seinen Lippen kauend saß er da.
«Kann ich jetzt gehen?» fragte der lange Pluto, der eigentlich Peter hieß. «Ich hab 'ne Verabredung in der Stadt.»
Heinrich Brück fuhr ihn an: «Das hier ist ja wohl wichtiger, als deine Verabredung! Oder sehe ich das falsch?»

«Mann, ich kann die Ische nicht warten lassen», rief Pluto aufgebracht. «Wo ich doch ihre Adresse noch gar nicht habe!»
«Du bleibst», sagte Brück. Er wirkte auf einmal böse. «Also, die fünfzig Mark sind weg», begann er von neuem. «Werner, kannst du mal erzählen, wo du sie gehabt hast.»
Werner merkte, wie sich zwölf Augenpaare auf ihn richteten. «Heute nacht haue ich ab», dachte er. Laut sagte er: «Das war ein Schein. Der steckte zusammengefaltet in der Tafel Schokolade, die mir Frau Mahler mitgebracht hatte. Und die Schokolade lag im Zimmer auf dem Bücherbord.»
Brück nickte bedächtig. «Ihr habt es gehört», erklärte er. «Am besten wäre es, der Schein käme bald wieder zum Vorschein. – Sagen wir einmal: bis heute abend um sieben Uhr.»
Nach dem Abendessen ging Herr Brück zusammen mit Werner in dessen Zimmer. Natürlich waren die fünfzig Mark nicht zurückgebracht worden. Von wem auch? Es hatte sie ja niemals gegeben.
«So», sagte der Erzieher und schien bereits einen Entschluß gefaßt zu haben, «dann müssen wir eben andere Saiten aufziehen.»
«Wenn ich jetzt abhaue», dachte Werner, «dann wissen alle, daß etwas nicht stimmen kann.» Er entschloß sich, erstmal zu bleiben und abzuwarten.
Am nächsten Tag erschien während des Mittages-

sens der Heimleiter, Doktor Tietz. Er setzte sich dazu, faltete die Hände, und als alle mit dem Essen fertig waren, sagte er: «Euer Gruppenvater hat mich davon unterrichtet, daß bei euch fünfzig Mark abhanden gekommen sind, man kann auch sagen: sie wurden gestohlen. Ich möchte dazu einmal eure Meinung hören.»

«Jeden Mittag 'ne Versammlung», maulte Pluto. Aber Schnulli knurrte ihn an: «Halt's Maul!»

«Ihr müßt euch doch dazu eine Meinung gebildet haben», bohrte der Direktor weiter. «Ich meine, so etwas kommt nicht alle Tage vor, daß einem von euch soviel Geld gestohlen wird.» Er blickte von einem zum anderen. Alle schwiegen.

Dann sagte Schnulli: «Es kann nur einer von uns gewesen sein.»

«So sehe ich das auch», meinte der Direktor.

«Dem gehört die Hand abgehackt», sagte Hammer in die Stille hinein.

«Quatsch!» meldete sich Heinrich Brück zu Wort. «Dann gäbe es hier nach einiger Zeit nur noch Einarmige. Als ob ihr nicht alle schon mal geklaut hättet!»

Doktor Tietz begann seine Ansichten über das Stehlen schlechthin und über das Stehlen in diesem besonderen Fall vorzutragen, bis schließlich alle gähnten. Da unterbrach ihn der Erzieher: «Darüber haben wir schon hundertmal gesprochen. Allen ist klar, daß nicht geklaut werden darf und daß auch nicht geklaut werden sollte. Daß es dennoch immer wieder vorkommt, steht auf einem anderen Blatt. In diesem speziellen Fall ist es um so ärgerlicher, als wir nicht andauernd alle unsere Sachen wegschließen können. Untereinander muß Vertrauen herrschen, sonst können wir nicht zusammen leben.»

Er schien einen Verdacht zu haben. Theoretisch, meinte er, käme jeder aus der Gruppe als Täter in Frage. Aber naheliegend sei es doch, beim Zimmergenossen von Werner zu beginnen. Er wolle niemanden verdächtigen, Andi jedoch offen fragen, ob er das Geld genommen habe.

Als Andi verdächtig blaß wurde und, nachdem er zweimal geschluckt hatte, den vermeintlichen Diebstahl weit von sich wies, fragte ihn der Direktor, ob er etwas gegen eine Durchsuchung seiner Sachen habe. Dagegen hatte er zwar etwas, wodurch er sich noch verdächtiger machte, willigte aber nach einigem Hin und Her ein, falls Herr Brück die Durchsuchung allein vornähme.

So geschah es.

Der Erzieher ging in Andis und Werners Zimmer, durchsuchte sämtliche Sachen von Andi und zum Schluß auch ihn selbst – natürlich ohne Erfolg. Wenn man einmal davon absieht, daß er ein Gramm Haschisch fand und in die Toilette warf.

Alle regten sich fürchterlich auf, am meisten Andi, zumal Brück ihn hinterher noch des Rauschgifts wegen, das für ein bis zwei Joints gereicht hätte, zur Rede stellte.
In der Gruppe gab es nur noch ein Thema, und keiner traute mehr dem anderen. Es war sogar im Gespräch, Andi, den einige nach wie vor im Verdacht hatten, den Heiligen Geist zu verpassen und ihn zu einer Aussage zu zwingen. Doch darauf ging Werner nicht ein, so daß die Aktion unterblieb.
Zwei Tage später wurde Werner gegen Mittag zum Direktor gerufen. Ihm schwante nichts Gutes.
«Ich habe gerade mit Frau Mahler telefoniert», sagte der Direktor. «Das Ergebnis kannst du dir denken. Oder?»
Werner nickte und wagte ihn nicht anzublicken.
«Was ich davon halte, brauche ich dir wohl nicht auseinanderzusetzen», fuhr Doktor Tietz fort. «Ich werde die Angelegenheit heute nachmittag mit deinem Gruppenvater besprechen. Von ihm hörst du dann alles weitere.»

23

Er hatte einen Fehler gemacht, er hätte gleich abhauen müssen, sofort nach dem Gespräch mit dem

Direktor. Er hätte nicht erst in sein Zimmer zurückgehen dürfen, um ein paar Sachen zu holen. Hinterher konnte sich niemand erklären, wie die Nachricht hatte durchsickern können. Einige meinten, die Sekretärin habe irgendwo eine Bemerkung fallen lassen. Andere waren der Ansicht, einer der Jungen habe etwas von dem Gespräch des Direktors mit dem Erzieher mitbekommen.

Jetzt saß Werner mit blutender Nase im Zimmer des Erziehers und überlegte, wie er es doch noch anstellen konnte, aus dem Heim zu gelangen. Als er ans Fenster ging, sah er, daß Sepp und Hammer immer noch aufpaßten. Sie standen am Eingang und blickten zu ihm herüber. Zugleich hatten sie durch die Glasfront hindurch die Bürotür im Auge. Es war aussichtslos.

«Da hast du dich bei den anderen mächtig hineingerissen», meinte Brück, als er zurückkam, «aber das werden wir schon wieder hinkriegen.»

Er hatte die Gruppe zu einem neuen Gespräch zusammengerufen, dem dritten innerhalb einer Woche.

Werner mußte erklären, wie das Gerücht um die fünfzig Mark zustande gekommen war. Er stotterte herum. Auf Brücks Fragen gab er zu, daß es ihm vor den anderen peinlich gewesen war, daß ihm Frau Mahler lediglich eine Tafel Schokolade mitgebracht hatte. Er habe keinen in Verdacht bringen

wollen, das sei ihm dann alles über den Kopf gewachsen.
«Ihr habt gehört, was Sache ist», sagte Brück, in die Ausdrucksweise der Jugendlichen verfallend. «Was schlagt ihr vor, wie es weitergehen soll?»
Sepp meinte: «Auf jeden Fall muß er eine Strafe bekommen.»
«Müssen wir unbedingt von Strafe sprechen?» fragte Brück. «Könnten wir nicht von einer Wiedergutmachung ausgehen?»
«Was soll denn wiedergutgemacht werden?» warf Schnulli ein. «Es ist doch überhaupt kein Schaden entstanden.»
«Doch!» rief Pluto, «mir ist die Ische abgehauen.»
«Bei deinem Gesicht!» brummte Schnulli, und alle lachten.
«Andi ist gefilzt worden», sagte Hammer.
«Er hat Werner seine Abreibung schon gegeben», wandte Brück ein. «Ich finde es übrigens nicht gut, wenn ihr euch gegenseitig verprügelt. Ihr habt doch Köpfe zum Denken und Münder zum Sprechen.» Er spielte den Ball aus, den ihm Schnulli, wahrscheinlich unbewußt, zugeworfen hatte: «Außerdem hat Schnulli recht: es ist nichts gestohlen worden, also keinem ein Schaden entstanden.»
«Klauen finde ich nicht so schlimm», meinte Sepp. «Aber wenn einer sagt, ein anderer hätte geklaut, darauf kann ich abfahren.»

«Genau», bestätigte Hammer, und die meisten nickten.
«Sollen wir ihn denn deswegen rausschmeißen?» fragte Brück.
«Er könnte zum Beispiel Andi seinen Fußball schenken», schlug Sepp vor.
«So ein Geier», dachte Werner, «das werde ich mir merken.» Aber als der Erzieher ihn ansah, sagte er laut. «Wenn die Sache damit erledigt ist.»
Die Sache war damit nicht erledigt. Als Werner eine Stunde später in den Fernsehraum kam, sagte Sepp: «Da kommt Tarzoom, die Schande des Dschungels.» Das war eine Comic-Figur. Alle grölten vor Lachen. «Eh, Schande!» hieß es, «setz dich doch, Schande!»
Er wollte weg, noch in dieser Nacht. Solange Andi beim Fernsehen saß, packte Werner einige Sachen in seine Tasche, die er dann in seinen Schrank legte. Er ging zu Bett und löschte das Licht. Kurz danach kam Andi, zog sich aus und ging ebenfalls zu Bett. Werner wollte warten, bis Andi richtig schlief. Er lag auf dem Rücken, versuchte sich zu entspannen und überlegte, wohin er gehen könnte. Die Reise nach Amerika hatte er sich aus dem Kopf geschlagen. Das hatten schon eine ganze Reihe anderer Jungen versucht, und sie waren nach wenigen Tagen wieder zurückgebracht worden. Ihren Berichten war zu entnehmen, daß sie nicht einmal an ein

Überseeschiff herangekommen, sondern schon vorher von der Polizei oder vom Zoll erwischt worden waren.
Nach Frankreich oder Italien zu gelangen, war ebenfalls aussichtslos, weil er keinen Ausweis besaß. Zu seinem Vater wollte er nicht, der war für ihn gestorben. Also blieb nur die Großmutter. Aber bei ihr würden sie ihn sofort suchen. Vielleicht war es am besten, er ginge in eine Großstadt und versuchte dort Anschluß zu finden. Auf jeden Fall mußte er zuerst hinaus aus dem Heim.
Gegen Mitternacht stand er auf, nahm seine Sachen und ging in den Waschraum. Dort zog er sich an. Dann öffnete er ein Fenster, warf seine Tasche hinaus und stieg hinterher.
Das Fenster lag ungefähr zwei Meter über dem Erdboden, so daß er sich an der Außenmauer hinunterlassen mußte. Seine Füße hatten kaum den Boden berührt, da fühlte er sich von zwei Seiten ergriffen, und eine Stimme zischte an seinem Ohr: «Halt bloß das Maul, sonst machen wir dich kalt.»
Ein furchtbarer Schreck durchfuhr ihn und lähmte alle seine Widerstandskraft. Ein Tuch wurde ihm in den Mund gestopft, er spürte, wie jemand seine Handgelenke auf dem Rücken zusammenband. Die Nacht war so finster, daß er nur einige dunkle Gestalten wahrnahm, die ihn an den Armen packten und wegführten.

Er wurde auf eine Baustelle in der Nähe des Heimes gebracht. Dort stand eine Baubude, deren Fensterläden geschlossen waren. Eigentlich war sie auch zugesperrt, doch es war kein Problem gewesen, sie zu öffnen. Nachdem Werner hineingestoßen und auf eine Kiste gesetzt worden war, leuchtete eine Kerze auf. Jetzt sah er, wer seine Entführer waren: Vor ihm standen Sepp, Hammer, Pluto und Andi. Sie setzten sich an den Tisch.
Wie war Andi so schnell nach draußen gekommen? Hatte er in Wirklichkeit nicht geschlafen und die anderen alarmiert?
«Will der Kerl einfach 'ne Biege machen», sagte Hammer. «Das hättest du dir so gedacht, du Schwanz!»
Werner würgte an dem Stoff in seinem Mund. Wie eine Nebelwand kroch eine neue Welle der Angst auf ihn zu und ergriff Besitz von ihm. Mühsam sog er die Luft durch die Nase und merkte, wie seine Glieder zitterten. Zu einem klaren Gedanken war er nicht fähig. «Die haben etwas mit mir vor», dachte er. Die Angst machte sein Herz rasend, der Hunger nach Luft wurde unstillbar. Denen war alles zuzutrauen, alles. Vor seinen Augen tanzten farbige Ringe.
Die vier steckten sich Zigaretten an und öffneten eine Flasche Schnaps. Sepp prostete Werner zu: «Wir sind eine schön schnelle Truppe, was Alter?»

«Mobiles Einsatzkommando», grinste Andi.
Sie rauchten und tranken. Aus ihren Reden ging hervor, daß sie noch nicht wußten, was sie mit Werner machen wollten. Pluto schlug vor, ihn zusammenzuschlagen und in der Baubude liegenzulassen.
Andi war dagegen. «Erstens nützt uns das nichts und zweitens verpfeift er uns dann», meinte er.
«Wie wär's denn mit drei Flaschen Schnaps?» fragte Sepp.
«Und für jeden eine Schachtel Zigaretten!» rief Andi.
Pluto war für zwei Schachteln. Das fand allgemeinen Beifall. Werner wurde gefragt, ob er den Schnaps und die Zigaretten zusagen wolle. Er nickte.
«Das reicht aber noch nicht aus», erklärte Hammer und schenkte eine neue Runde ein. Sie tranken.
«Verkloppen is' nicht, das seh' ich ein, das würde Hein merken. Obwohl ich ja Lust dazu hätte.» Hammer dachte nach. «Was haltet ihr denn davon, wenn wir ihm mit 'ner Zichte 'n Loch in den Pelz brennen?»
«Und hinterher in den Feuerlöschteich werfen», führte Pluto die Überlegung weiter. «Wenn er doch angebrannt ist.» Bei dem Gedanken daran bogen sie sich vor Lachen.
Nach einigen weiteren Schnäpsen kam Hammer schließlich eine neue Idee.

«Mal Ruhe!» verschaffte er sich Gehör. «Ich weiß was besonders Scharfes.» Er sah zu Werner hinüber. «Wir trinken hier so unseren Schnaps, und er muß zugucken. Das finde ich nicht richtig.» Die anderen sperrten Mund und Nase auf.

«Ich meine», fuhr Hammer fort, «wir sollten ihm auch etwas zu trinken geben.»

«Mann, du hast wohl 'n Rad ab!» brüllte Sepp ihn an.

Hammer sorgte mit einer Handbewegung für Ruhe. «Natürlich kriegt er keinen Schnaps, das ist klar. Und er kriegt auch kein Bier. Nicht einmal Wasser!»

Einen Augenblick war es still, dann schlugen die anderen sich auf die Schenkel und grölten: «Genau! Das ist echt stark! Astgeil! Das hat er verdient!»

Hammer holte eine leere Bierflasche und drehte sich zur Wand. Werner hörte, wie er in die Flasche hinein urinierte. Dann stürzten sie sich auf ihn, nahmen den Knebel heraus und stießen ihm den Flaschenhals in den Mund.

In diesem Moment ging die Tür auf, und Schnulli kam herein. Mit einem Blick hatte er die Situation erfaßt. «Hab' ich's mir doch gedacht», sagte er trocken. «Man sollte euch allen eins in die Fresse hauen.»

Er ging zu Werner, band ihn los und nahm seine Tasche. «Wo kommen wir hin, wenn wir uns ge-

genseitig fertigmachen», knurrt er. «Als ob wir nicht genug Ärger hätten.»
Werner taumelte nach draußen und erbrach sich.

24

Noch in der Nacht zog Werner zu Schnulli ins Zimmer, und dessen Zimmergenosse zog zu Andi. Heinrich Brück wurde vor vollendete Tatsachen gestellt, hatte allerdings nichts dagegen. Er ahnte, daß sich hinter seinem Rücken einiges abspielte, und war sogar froh über diese Regelung.
Werner lief eine Woche lang wie geistesgestört herum. Schnulli hatte Mühe, ihn wieder aufzupäppeln.
«Du mußt das nicht so eng sehen», meinte er. «Sowas kommt vor. Da spuckt man drauf. Ehrlich!»
«Ich möchte die am liebsten umbringen», sagte Werner. «Und mich dazu.»
Schnulli nickte. «Ich kenne das.» Er schob den linken Hemdsärmel hoch und zeigte Werner eine lange Narbe. «Was meist du, woher das kommt?»
Werner zuckte die Schultern.
«Da haben sie mit einer Rasierklinge an mir herumgeschnippelt, als ich zwölf war.»
Der nächste Tiefschlag war ein Brief von Frau

Mahler. Sie sei von seinem Verhalten enttäuscht, schrieb sie Werner. Daß er ein Lügner sei, habe sie ja gewußt; aber so etwas, anderen unter Einbeziehung ihrer Person einen Diebstahl anzuhängen, hätte sie ihm nicht zugetraut.
Hinzu kam, daß die drei Flaschen Schnaps und acht Schachteln Zigaretten fällig waren. Das kostete zusammen etwa fünfzig Mark. Woher sollte er das Geld nehmen? Ob er den Schnaps und die Zigaretten im Kaufhof stehlen sollte? Ein oder zwei Schachteln hätte er sich zugetraut. Aber gleich acht und dazu noch drei Flaschen?
Als er nicht mehr ein noch aus wußte, fragte er Schnulli. Der riet ihm, den Schnaps und die Zigaretten zu kaufen, damit er Ruhe habe. «Ich leihe dir das Geld», sagte er und zog fünfzig Mark aus der Tasche. «Kannst du mir irgendwann zurückgeben, wenn du wieder Geld hast.»
Werner kam gut mit ihm aus. Schnulli war nach außen ein harter Brocken, was durch seine massige Figur noch unterstrichen wurde. Er wirkte mißtrauisch und verschlossen, im Umgang mit anderen oft brutal. Aber hinter dieser Fassade steckte in Wahrheit sehr viel Empfindsamkeit. Er beobachtete seine Umwelt genauestens und dachte über vieles nach, woran kaum einer in der Gruppe je einen Gedanken verschwendete.
Einmal sagte er, und Werner hatte Mühe, den Sinn

zu begreifen: «Uns schieben sie ab ins Jugendheim, die Alten ins Altersheim, die Behinderten ins Behindertenheim, die kleinen Kinder in den Kindergarten oder ins Waisenhaus, die Knackis in den Knast. Dann ist alles sauber und ordentlich, nichts steht dem Geldverdienen im Wege.»
Darüber konnte sich einer wie Schnulli Gedanken machen. «Es geht nur ums Geld», meinte er. «Wenn du unabhängig sein willst, mußt du möglichst viel Geld haben.» Das war seine Philosophie, und danach handelte er. Werner war das nicht bewußt, obwohl er bemerkte, daß sein neuer Zimmergefährte immer gut bei Kasse war.
Schnulli trainierte mehrmals am Tag mit einem Expander, der neben seinem Bett hing. Das tat er regelmäßig morgens, nachmittags und vor dem Zubettgehen. Auf Werners Frage, wozu er das so leidenschaftlich betreibe, gab er zur Antwort: «Mit vierzehn war ich genau so ein Hänfling wie du, nur hatte ich einen dickeren Bauch. Damals bekam ich auch meinen Spitznamen. Da habe ich angefangen Bodybuilding zu machen, und danach habe ich angefangen, mir nichts mehr gefallen zu lassen.» Werner war von Schnulli so beeindruckt, daß er ebenfalls anfing, heimlich mit dem Expander zu trainieren.
Obwohl er das Geld für den Tribut an die Gruppe jetzt besaß, versuchte er einen Tag später mehrere

Schachteln Zigaretten zu stehlen. Er wurde prompt erwischt. Weil bei der Leibesvisitation außerdem eine Musikkassette gefunden wurde, und er inzwischen vierzehn geworden war, erstattete das Kaufhaus Anzeige.

Abends, nachdem der Erzieher mit ihm gesprochen und ihm ins Gewissen geredet hatte, saß Werner allein im Zimmer. Er empfand seine Situation als ausweglos. Da war so wenig Erfreuliches, so wenig Hoffnung. In einigen Monaten würde er seinen Schulabschluß bekommen, sein Berufs-Grundbildungsjahr machen und mit einer Lehre beginnen. Darin sah er keinen Sinn.

Was konnte er tun, um seine Lage zu ändern, möglichst zu verbessern? Wieder dachte er daran, wegzulaufen. Und wieder wußte er nicht, wohin.

Schnulli kam herein und fragte, ob er mit zum Fernsehen käme. Er sagte, er habe keine Lust, er habe zu nichts mehr Lust, am liebsten würde er sich aufhängen.

«Du bist selber schuld», meinte Schnulli. «Wenn du schon klaust, dann richtig, und nicht ein paar billige Glimmstengel.»

Werner sah ihn mit großen Augen an und Schnulli setzte sich. «Kannst du schweigen?» fragte er. Werner nickte.

«Ich könnte dir helfen, an Geld zu kommen. Das ist nicht schwer, das Geld liegt auf der Straße.»

«Versteh' ich nicht.»
«Wenn du versprichtst, daß du dicht hältst, nehme ich dich einmal mit, wenn du willst.» Werner wollte.
«Es geht um Autos», erklärte Schnulli. «Du brauchst bloß Schmiere stehen und hinterher beim Ausräumen helfen. Da hast du auf einen Schlag zwanzig Kassetten und alles mögliche.» Er warf sich in die Brust und zeigte stolz auf seine Lederjakke, das Kofferradio und den Kassettenrekorder. «Was meinst du, woher ich das habe? Offiziell ist alles gekauft, ich verdiene ja schließlich.»
Drei Monate später war die Gerichtsverhandlung wegen des Warenhausdiebstahls. Zugleich wurde über einen weiteren Vorfall verhandelt, der sich in der Zwischenzeit zugetragen hatte. Werner war nämlich mit einem Mofa, das er in der Stadt gestohlen hatte, um damit zum Heim zu fahren, in eine Verkehrskontrolle geraten.
Die Verhandlung dauerte nicht lange, da er alles zugab. Obwohl der Erzieher mitgekommen war und zu seinen Gunsten sprach, wurde Werner zu einer Woche Dauerarrest verurteilt. Über den Strafantritt würde er in den nächsten Wochen benachrichtigt werden, sagte der Richter.
Die Benachrichtigung ließ nicht lange auf sich warten. An einem Freitagmorgen sollte sich Werner in der Strafvollzugsanstalt melden. Auf dem

Weg fühlte er sich unsicher, aber lange nicht mehr so unwohl, wie zum Zeitpunkt der Urteilsverkündung. Denn in der Zwischenzeit hatte ihn sein Zimmerkamerad Schnulli unauffällig in die Lehre genommen, und die war nicht von schlechten Eltern. Sie hatten sich auf Autodiebstahl verlegt. Schnulli war darin Experte. Er suchte das passende Auto gründlich aus und knackte es innerhalb weniger Minuten. Das machten sie nachts zwischen zwölf und vier Uhr, und zwar nach vorheriger telefonischer Vereinbarung mit einem Abnehmer.
In der Stadt kannte Schnulli einen Gebrauchtwagenhändler, der jedes Auto brauchen konnte, soweit es gut war. Manfred Kosch, so hieß der Händler, leitete die Autos noch in derselben Nacht weiter nach Frankfurt oder München. Dort wurden sie umgespritzt und mit falschen Papieren versehen. Interesse bestand vor allem an neuen Mercedeswagen, die angeblich über Jugoslawien und die Türkei in den vorderen Orient gebracht wurden. Kosch bezahlte nicht gut, manchmal weniger als tausend Mark. Aber darüberhinaus ließen sich Geschäfte mit den Gegenständen machen, die sie in den Autos fanden. Damit wurde in einer bestimmten Gastwirtschaft ein schwunghafter Handel getrieben. Die Leute, die dort verkehrten, hatten fast alle schon gesessen und sprachen darüber, als sei das selbstverständlich.

Deswegen war Werner sogar ein bißchen neugierig, als er seine Strafe antrat. «Sieben Tage», dachte er, «die sitze ich auf einer Backe ab.» Er konnte ja nicht ahnen, was ihn wirklich erwartete.

25

Schon am ersten Tag stand er kurz vor dem Durchdrehen. Sie hatten ihn allein in eine Zelle gesperrt, seine Tasche war ihm abgenommen worden, auch ein Buch und die Zigaretten. Zuerst hatte er gedacht, das sei eine besondere Schikane. Hinterher hörte er, daß sie mit allen Neuankömmlingen so verfuhren.

Der Wärter trug eine grüne Uniform und klapperte ununterbrochen mit seinen zahlreichen Schlüsseln. Sein Kinn zierte ein rötlicher Bart, der seitlich in die Koteletten überging und ihm das Aussehen eines ständig breit grinsenden Hamsters verlieh. Das wirkte fast gemütlich. So war er aber nicht, wie Werner bald feststellte.

Außer einem doppelseitig bedruckten Merkblatt, der «Anstaltsordnung», gab es nichts an Lesbarem. Auf dem Blatt stand, daß der Verurteilte in der Einsamkeit der Zelle zu Wahrheit und Erkenntnis gelangen solle. Er möge auch über seine Beziehungen

zu anderen Menschen nachdenken, insbesondere in der Familie; er möge sich überlegen, ob er allein leben könne oder nicht doch andere Menschen brauche.
Was sollte er damit anfangen? Seine Familie gab es nicht. Zu der Erkenntnis, daß er als Heimzögling in erster Linie allein zu leben habe, ob er wollte oder nicht, war er schon lange gekommen. Und was war mit der Wahrheit? Zu wessen Wahrheit sollte er gelangen? Die Wahrheit des Gruppenleiters sah anders aus, als die von Schnulli; seine eigene Wahrheit war eine andere als die des Richters, der ihn verurteilt hatte. Was war das überhaupt: «Wahrheit»?
Auf der anderen Seite stand, daß der Gefangene seinen Körper sauberzuhalten habe, sich nicht auf das Bett legen dürfe und morgens seinen neben der Tür stehenden Kübel, in den man in Ausnahmefällen seine Notdurft verrichten konnte, entleeren müsse. Weitere Vorschriften folgten.
Wenn er austreten wollte, mußte Werner auf einen Klingelknopf drücken. Das tat er. Aber niemand kam. Er klingelte nochmals und wartete. Nichts rührte sich. «Wie daheim an der Haustür», dachte er, «nie ist jemand da.» Er gab Dauerton. Nach einer Weile hörte er Schritte auf dem Gang und Schlüsselrasseln. In der Klappe an der Tür erschien das Hamstergesicht. «Was willst du?»
«Ich muß mal!»

Das Gesicht verschwand, die Schlüssel rasselten, die Tür flog auf.
Er durfte zur Toilette gehen.
«Der Kübel wird nur benutzt, wenn es anders nicht geht», knurrte der grüne Hamster. «Nachts oder so, im Notfall. Verstanden?»
«Warum darf ich eigentlich nicht rauchen?» fragte er.
«Warum, warum?!» äffte ihn der Hamster nach. «Nächstens wollt ihr noch Schnaps und Haschisch!»
«Habe ich ordentlich gefragt oder nicht?»
Der Grüne schien einen Moment zu stutzen. Er schluckte und sagte: «Der Vollzug beinhaltet eben bestimmte Härten. Ihr seid hier nicht zum Vergnügen.» Ihm fiel noch etwas anderes ein: «Außerdem bist du wohl noch keine sechzehn Jahre alt.»
«Deswegen kann ich doch rauchen», entgegnete er. «Tu ich sonst auch.»
«Unter sechzehn gibt es sowieso keine Zigaretten, über sechzehn erst nach zwei Tagen.»
Die Tür wurde geschlossen, die Türklappe wieder geöffnet. «Du sollst übrigens einen Laubbaum malen und deinen Lebenslauf schreiben, hat der Richter angeordnet. Hast du Papier?»
«Woher soll ich Papier haben, wenn mir alles weggenommen wurde?!»
Der Hamster holte zwei Bogen Papier und einen

Bleistift, die er durch die Türklappe hineinreichte. «Also: einen Laubbaum und deinen Lebenslauf».
Die Klappe wurde geschlossen, und Werner spuckte sie an. Er wollte nicht schreiben und auch nicht zeichnen. Was dachten die sich? Diese Geier! Diese Bonzen! Diese Schwänze! Diese Pfeifen!
Die Zelle war etwa vier Meter lang und zwei Meter breit. Das Fenster lag so hoch, daß man nur dann hinaussehen konnte, wenn man den Stuhl auf den Tisch stellte und hinaufkletterte. Eine graue Häuserwand wurde sichtbar, darüber ein Stück Himmel. Das war alles. Dafür lohnte sich der Aufwand nicht.
Er lief hin und her.
Mittags gab es Salzkartoffeln, Spinat und Spiegelei, alles zusammen auf einem Blechteller. Das Essen wurde ihm durch die Klappe geschoben. «Wie bei Hunden», dachte er.
Hinterher lief er wieder herum. Wenn er sich setzte, fing sein ganzer Körper an zu jucken. Er mußte hin- und herlaufen.
Um sich den Weg zu verlängern, schob er das Hochbett und den Spind in die Mitte der Zelle, legte den Tisch mit der Platte auf das obere Bett und stellte den Stuhl zwischen die Tischbeine. Dann wanderte er den Wänden entlang um alles herum, eine Stunde, zwei Stunden, drei Stunden. Er zählte die Schritte.

Zum Abendessen gab es Muckefuck, ungesüßt, dazu Brot, ein Stückchen Margarine und eine Scheibe Streichwurst.
Am nächsten Tag setzte er sich hin und zeichnete einen Laubbaum. Zuerst malte er den Stamm und die Äste, danach die Blätter. «Was diese Typen sich dabei wohl denken», überlegte er und hängte Äpfel an die Äste. Oben hingen die dicksten Äpfel, nach unten wurden sie immer kleiner. «Ob sich das der Richter auch ansieht?» Er zeichnete eine Leiter an den Baum. Damit konnte man zu den dickeren Äpfeln gelangen. Er natürlich nicht, die waren anderen vorbehalten. Er malte einen Jungen, sich, wie er vergeblich versuchte, von der Erde aus einen der ganz kleinen, verschrumpelten Äpfel zu erreichen. An die Leiter hängte er ein Schild mit der Aufschrift «Für Heimkinder gesperrt».
Dann begann er mit seinem Lebenslauf.

26

«Okay», sagte Hammer, «wenn du eine Flasche Schnaps auf einmal austrinkst, heißt du ab sofort nicht mehr ‹Schande›.»
Werner nahm die dritte Flasche, die noch voll Rum war, setzte sie an und trank.

«Mann», meinte Sepp anerkennend, «der hat vielleicht einen Zug.»
Die Flasche war leer und Werner stellte sie auf den Tisch zurück. «Alles klar?» fragte er. Um ihn herum begann sich plötzlich alles zu drehen. Immer schneller und schneller, ein irrsinnig kreiselndes Rasen, in das sein ganzer Körper einbezogen wurde. Er fiel vom Stuhl und übergab sich. Aber das merkte er schon nicht mehr.
Am nächsten Tag erwachte er im Krankenhaus. Die anderen hatten zuerst noch weitergetrunken, es war laut geworden und der Erzieher, der Nachtschicht hatte, war gekommen. Er hatte Werner sofort einliefern lassen.
Drei Tage später stand er wieder in der Werkstatt. Die andern machten ein paar dumme Bemerkungen, bei denen allerdings eine gewisse Hochachtung mitschwang, das war deutlich zu merken. Eine ganze Flasche Schnaps auf einen Sitz, das war schon etwas! Daß man dabei draufgehen oder sich den Magen ruinieren konnte, was spielte es für eine Rolle?
Er hatte sich entschlossen, wie sein Freund Schnulli Schlosser zu lernen. Das war besser, als Friseur, Maler oder Schneider. Da wußte er wenigstens, wozu er etwas lernte, damit konnte er etwas anfangen. Obwohl die Schlosserei wenig mit Schlössern zu tun hatte. Zur Zeit fertigten sie Türrahmen an.

Manchmal machte die Arbeit Spaß. Zum Beispiel das Schweißen. Der Umgang mit den Werkstücken und mit weißglühendem Metall war eine völlig neue Erfahrung. Zwei Eisenteile konnten, autogen oder elektrisch, fest zusammengefügt werden. Es war gar nicht einfach, eine Schweißnaht so zu ziehen, daß sie sauber und gerade wurde. Diese Arbeit begeisterte ihn. Er nahm sich vor, bei nächster Gelegenheit einen Schweißerlehrgang zu besuchen.
Schnulli war nicht mehr da. Er hatte inzwischen ausgelernt und sich eine Wohnung in der Stadt gemietet, ein kleines Appartement. Es kostete fünfhundert Mark im Monat, aber Geld war kein Problem. Ein- bis zweimal im Monat lieferten sie einen Mercedes ab. Außerdem arbeitete Schnulli jetzt bei Manfred Kosch in der Firma, wo er gut bezahlt wurde.
Werner saß oft mit den beiden zusammen. Sie trafen sich in Schnullis Wohnung oder in einer Gaststätte. Die beiden behandelten ihn beinahe gleichberechtigt, was ihn mächtig für sie einnahm. Manchmal luden sie ihn zum Essen ein, das erlaubte sogar der Erzieher. Bei ihnen fühlte sich Werner wohl, er spürte etwas wie Geborgenheit.
Die beiden ließen sich nicht die Butter vom Brot nehmen, die wußten Bescheid. Vor allem war auf sie hundertprozentig Verlaß. Jetzt besaß Werner heimlich sogar ein Bankkonto mit etwa zweitau-

send Mark. Das hatten sie ihm eingerichtet. Eine solche Kameradschaft hatte er vorher nie kennengelernt.
Während Schnulli schwarze Lederjacken oder dunkelblaue Pullover bevorzugte, ging Manfred Kosch nur im Anzug, meistens mit Krawatte. Er mimte, wenigstens nach der Arbeit, den feinen Mann. Mit seinem Kaiser-Wilhelm-Bart sah er auf den ersten Blick wie ein englischer Adeliger aus. So versuchte er sich auch zu geben.
«Mein Lieber», sagte er – er sagte immer «mein Lieber» – «die Konjunktur geht zurück, und auch wir werden Einbußen hinnehmen müssen.» Er war nicht dumm und verstand sich auszudrücken. Bevor er sich selbständig gemacht hatte, war er Autoverkäufer bei einer großen Firma gewesen. «Da habe ich gelernt, andere Leute übers Ohr zu hauen», gab er unumwunden zu. «Jetzt mache ich das auf eigene Rechnung.»
Neuerdings besaß Schnulli einen eigenen Wagen. Wenn sie nachts loszogen, holte er Werner in der Nähe des Heimes ab. Von dort fuhren sie in die Stadt und klapperten Parkplätze und Villengegenden ab.
Eines Nachts fuhren sie in die entgegengesetzte Richtung, in eine Industrie- und Arbeitergegend. Eine mehrspurige, gut beleuchtete Autostraße führte aus der Stadt heraus. Am rechten Fahrbahn-

rand zog sich ein breiter Parkstreifen entlang, und dort standen oft bis spät in die Nacht Frauen. Das war bekannt.
Schnulli fuhr langsam vorbei und fragte: «Wollen wir mal eine mitnehmen?»
«Warum nicht», sagte Werner.
In diesem Augenblick erkannte er das Gesicht eines Mädchens, das zusammen mit einer älteren Prostituierten gerade dort stand, wo sie hielten. «Mensch, fahr weiter!» rief er hastig, und Schnulli gab Gas. «Was ist los?» fragte er erschrocken. «Was hast du denn?»
Werner hatte Mühe, sich zu fangen. «Ach, nichts», wehrte er ab. Er war nicht sicher, ob er durch die Beleuchtung getäuscht worden war oder ob er tatsächlich Helgas Gesicht gesehen hatte.
Sie fuhren schweigend weiter. Nach einer Weile sagte er: «Ich glaube, die jüngere kannte ich aus dem Heim, wo ich früher war.»
«Na und?» meinte Schnulli.
Werner spürte, wie ihn diese Begegnung aufregte. Er ärgerte sich über seine kopflose Reaktion. Warum hatte er weiterfahren wollen? Er hätte sich doch mit Helga unterhalten können, falls sie es war.
«Ein Tick von mir», sagte er, und Schnulli fragte nicht weiter. Er fragte nie, weil er selber nicht gern gefragt wurde.

In dieser Nacht fanden sie trotz intensiven Suchens keinen passenden Wagen und beschlossen, in die Nachbarstadt zu fahren. Unterwegs begann Schnulli von einem neuen Plan zu sprechen. Er wolle einmal richtig Ferien machen, mehrere Monate. Ihm schwebte Südfrankreich oder Spanien vor, vielleicht auch Teneriffa. «Tagsüber in der Sonne liegen», schwärmte er, «baden, Whisky trinken, mit Frauen flirten. Abends tanzen und so.» Dafür brauchte er Geld. Schnulli wußte, wie es zu besorgen war. Er hatte alles schon genau ausgekundschaftet. «Da gibt es eine Kneipe, die haben immer volle Kasse», berichtete er. «Um ein Uhr machen sie zu. Der Wirt und seine Frau wohnen zwar im Haus, aber ein Stockwerk höher. Wenn sie schlafen, hören sie nichts. Das ist eine todsichere Sache.»

27

In letzter Zeit gab es häufig Auseinandersetzungen mit dem Erzieher. Herr Brück ahnte, daß mit Werner etwas nicht stimmte. Wahrscheinlich hatte er bei einer nächtlichen Kontrolle Werners Abwesenheit bemerkt. Das war nicht schlimm, weil Brück zu den Erziehern gehörte, die nur in Ausnahmefäl-

len einschritten. Er ließ den Jugendlichen so viel Freiheit und Selbständigkeit wie möglich und sagte sich, daß jeder Mensch seinen Weg selber finden müsse. Dabei wollte er die Jugendlichen zwar unterstützen, sie aber nicht bevormunden. Schließlich war ein Sechzehnjähriger schon fast erwachsen. Wer sollte ihn später maßregeln, wenn er aus dem Heim entlassen war?
Diese Haltung kam Werner zugute.
Als er Brücks Mißtrauen bemerkte, schränkte er seine Unternehmungen auf ein Mindestmaß ein. Er ging nachmittags nur noch selten in die Stadt und kam pünktlich zurück. Die Abende verbrachte er vor dem Fernseher. Die Aufmerksamkeit des Erziehers ließ daher wieder nach, zumal Werner sich mehrfach für einen Neuen in der Gruppe – er hieß Mario – einsetzte.
Mario war vierzehn, von kleiner, beinahe mädchenhafter Statur und äußerst empfindlich. Mit seinem schwarzen Haarschopf sah er wie ein Italiener aus, was ihm den Spitznamen Makkaroni eintrug. Dagegen versuchte er sich zu wehren, und das löste bei den anderen wiederum Gegenreaktionen aus.
Werner beobachtete, zuerst stillschweigend, wie Mario nach und nach in eine Außenseiterposition gedrängt wurde. Ähnlich war es auch ihm seinerzeit ergangen, deswegen empfand er Mitleid. Der

Erzieher nahm diesen Vorgang zunächst nicht wahr, oder er hielt sich, da er ihn womöglich falsch einschätzte, zurück.
Anfangs waren die Anpöbeleien noch harmlos. Wenn Mario am Tisch saß, spritzte ihm einer Senf in die Hose, trank ihm seine Milch weg oder versalzte ihm das Gemüse. Dann kam es vor, daß er mit einer Nadel gestochen wurde, worauf er laut schreiend hinausrannte, oder daß ihm einer auf den Teller spuckte, worauf er zu weinen begann. Das rief bei den meisten nur Gelächter hervor.
Der letzte Vorfall regte Werner dermaßen auf, daß er mit der Faust auf den Tisch schlug. Er gehörte mittlerweile zu den Älteren und hatte sich in der Gruppe soweit durchgesetzt, daß er sich einiges erlauben konnte. Wortlos stand er auf, tauschte Marios Teller mit dem des Spuckers aus und setzte sich wieder. «Immer auf die Kleinen», sagte er. «Das haben wir gern.»
Die anderen blickten ihn, teilweise verblüfft, an, aber keiner riskierte etwas. «Guten Appetit», sagte Werner und begann zu essen. Als der Erzieher vom Telefon zurückkam, an das er gerufen worden war, saßen alle einträchtig beim Essen.
Schnulli ließ sich im Heim nicht mehr blicken. Er freute sich, daß er draußen war, sich die Zeit nach seinem Gutdünken einteilen und leben konnte, wie es ihm gefiel. Außerdem wollte er die Erzieher

nicht durch Besuche unnötig auf Werner aufmerksam machen.
Zwei Wochen später war es soweit: Sie parkten das Auto in einer Nebenstraße in der Nähe der Gaststätte und gingen vom Hof aus mit einer Brechstange durch die Glasbausteine im Flur. Das gelang schneller, als Werner gedacht hatte. Sie waren im Haus. Nur die Zwischentür vom Flur zum Gastraum war abgeschlossen. Aber auch das bereitete keine großen Schwierigkeiten. Schnulli besaß einen Universalschlüssel, mit dem sich jedes normale Schloß ohne weiteres öffnen ließ.
Dann standen sie im Gastraum hinter der Theke und brachen die Schublade mit dem Geld auf. Ihre abgedunkelte Lampe verbreitete einen schwachen Schein, der ausreichte, die Gegenstände in unmittelbarer Nähe zu erkennen.
«Verdammt!» entfuhr es Schnulli. «Sie haben die Scheine herausgenommen.»
«Egal», flüsterte Werner, «dann stecken wir eben das Hartgeld ein.» Er zog einen Plastikbeutel aus der Tasche und sie schütteten den Inhalt der Schublade hinein. Es gab Lärm. Erschrocken horchten sie, aber nichts rührte sich.
«Wir räumen noch den Schnaps ab», sagte Schnulli und begann, die vollen Flaschen einzusammeln.
Danach knackten sie die Spielautomaten und den Zigarettenautomaten. Das machte erneut Krach.

«Wo gehobelt wird, fallen Späne», schnaufte Schnulli und brach einen Geldbehälter auf.
Plötzlich erstarrten sie. Aus dem Treppenhaus waren Geräusche zu hören. Blitzschnell sprangen sie zur Tür, unter der ein schmaler Lichtstreifen sichtbar wurde, und drückten sich zu beiden Seiten an die Wand. Jemand versuchte aufzuschließen, was nicht gelang, da ja bereits aufgeschlossen war. Im Dämmerlicht, das eine durch die Gardinen schimmernde Straßenlaterne verbreitete, sah Werner, wie sich die Klinke bewegte. Die Tür öffnete sich, und der Strahl einer Taschenlampe leuchtete in die Gaststube. Eine Männergestalt schob sich vorsichtig durch den Türrahmen, neben dem Werner stand, in der Hand die Brechstange.
Der Lichtkegel der Taschenlampe wanderte durch den Raum und blieb an der Theke haften. Gleich würde er die aufgebrochene Schublade erfassen. Da schlug Werner zu.
Von oben rief eine Frau. Da niemand antwortete, begann sie laut zu schreien.
Schnulli hatte einen der beiden Geldbeutel gepackt und sich hinten im Flur durch die Maueröffnung gezwängt. Werner, der benommen dagestanden hatte, rannte hinterher.
Auf einmal war der Hof von den Scheinwerfern eines Autos hell erleuchtet und er hörte neben sich eine Stimme: «Hände hoch! Polizei!»

28

Das Urteil lautete auf zwei Jahre Freiheitsstrafe ohne Bewährung. Sechs Monate Untersuchungshaft wurden angerechnet. Wäre er nicht noch Jugendlicher, hatte der Richter in seiner Urteilsbegründung gesagt, hätte er eine bedeutend höhere Strafe erhalten. Als erschwerend hatte gegolten, daß die Tat «kaltblütig und mit hoher verbrecherischer Energie geplant und durchgeführt» worden war und der Gastwirt mit erheblichen Kopfverletzungen längere Zeit im Krankenhaus liegen mußte. Außerdem hatte die Polizei eine größere Anzahl Autodiebstähle aufgeklärt. Bei einer Durchsuchung wurden in Werner Zimmer und Schnullis Wohnung verschiedene Gegenstände gefunden, die aus ihren Beutezügen stammten. Das Gericht hatte alle Delikte in einem Verfahren abgeurteilt und eine Gesamtstrafe gebildet.

Dabei war Werner besser davongekommen als Schnulli, der zu dreieinhalb Jahren verurteilt wurde. Sie hatten sich erst auf der Anklagebank wiedergesehen und waren, wie Werner vermutete, auch nach dem Verfahren mit Absicht getrennt worden.

Diesmal hatten sie ihm sogar seine Kleidung abgenommen und ihn in die übliche graue Anstaltskluft gesteckt. Man war eine Nummer, ein Sträfling, ein

Gefangener, ein Nichts. Man hatte zu spuren. Wer Umstände machte, war unbeliebt, und wer unbeliebt war, hatte es um so schwerer.
Der Gefangene darf im Monat eine Stunde Besuch empfangen, natürlich nur unter Aufsicht, und heute war Besuchstag. Sein Vater war dagewesen, der einzige Besucher bisher. Werner trottete hinter dem Grünen her, der ihn in die Zelle zurückbrachte.
Warum hatte er sich auf diese Begegnung eingelassen? Er hätte sich denken können, was dabei herauskäme. Aber da war wieder diese Hoffnung auf Hilfe gewesen und diese Sehnsucht nach einem Zuhause. Nach zehn Minuten war alles in Vorwürfen und sich nach außen hin bieder gebender Verlogenheit erstickt.
Sein Vater hatte gesagt: «Mit einem Verbrecher wollen wir nichts zu tun haben.»
Was hatten sie, sein Vater und seine Stiefmutter, in den vergangenen Jahren mit ihm zu tun gehabt? Ein Besuch in vier Jahren, waren das familiäre Beziehungen? Sie hatten in der Stadt Kaffee getrunken und Kuchen gegessen. Auf die Frage seines Vaters, wie es ihm im Heim gefalle, hatte er geantwortet: «Gut.» «Siehst du», hatte seine Stiefmutter eingeworfen und ihren Mann vielsagend angeblickt.
Sein Vater hatte von einem neuen Auto erzählt und

von einer größeren Wohnung, weil sie Nachwuchs erwarteten. «Ach, laß doch», hatte seine Frau ihn unterbrochen, «das interessiert den Jungen bestimmt nicht.» Nach zwei Stunden hatten sie ihn wieder im Heim abgeliefert.
Das Schlüsselrasseln machte ihn verrückt. Der Besuchsraum lag am Eingang und sie mußten etwa hundertfünfzig Meter durch die Anstalt gehen, um zu dem Trakt zu gelangen, wo sich seine Zelle befand. Alle zehn bis zwanzig Meter wurde eine Tür aufgeschlossen und wieder zugeschlossen.
Er war froh, als er wieder in seiner Zelle saß. Zur Zeit brauchte er nicht zu arbeiten, weil er eine Mandelentzündung hatte. Er konnte fast den ganzen Tag lesen. Außerdem hatte er einen langen Brief an Petra geschrieben, dessen Inhalt er mehrmals überdacht und an dem er tagelang formuliert hatte. Obwohl die Post kontrolliert wurde, hatte er sich überwunden, ihr offen über seine letzten vier Jahre bis zum Einbruch in die Gastwirtschaft zu berichten. Einen Grundriß seiner Zelle mit den Einrichtungsgegenständen und ein kurz vor seiner Einlieferung aufgenommenes Foto hatte er dem Brief beigelegt. Er hoffte, Petra würde ihm antworten.
Daß er nicht arbeiten mußte, gefiel ihm. Das Lesen löste ihn zeitweise völlig aus seiner Umgebung. Während des Arbeitens war er mit anderen zusam-

men, die mit Frauen- oder Kneipengeschichten angaben, einer stapelte höher als der andere. Ständig ging es um diese billigen Geschichten, die man draußen erlebt hatte oder meinte, erlebt zu haben, und manche waren von vorn bis hinten erlogen.
Viele träumten davon, einmal den großen «Bruch» zu machen, das große «Geschäft», eine Menge Geld zu haben und sich in einem südlichen Land, wo immer die Sonne schien, umgeben von Palmen und hübschen Mädchen, niederzulassen. Wenn sie entlassen wurden, standen sie mitten im Winter in Sandalen, ohne Socken und ohne Mantel, so wie sie eingeliefert worden waren, vor dem Tor. Das bißchen Geld in der Tasche reichte gerade, das Zimmer in einer Pension für eine Woche im voraus zu bezahlen. In der Kneipe trafen sie dann die alten Kumpels, die schon wieder eine «todsichere Sache» ausgebrütet hatten.
Sie verknoteten Hängematten. Die Netze wurden fertig geliefert. Sie mußten nur noch die Randleinen hindurchziehen, die Aufhänger anbringen und die Spannstäbe einsetzen. Fünfzehn Matten waren ein Pensum, und an einem Tag konnte man etwa zwei Pensen schaffen. Das brachte neun Mark, wovon ein Drittel für die Rücklage abgezogen wurde. Zwei Drittel, knapp sechs Mark, gab es für den Einkauf von Tabak, Pulverkaffee, Zucker, Keksen und anderen Genußmitteln.

Was blieb einem noch außer Rauchen, Kaffeetrinken und Lesen? Die Eintönigkeit wurde nur unterbrochen von gelegentlichen Gesprächen während der Arbeit, während eines Umschlusses, während des Hofgangs, und von den Schikanen und Brutalitäten einzelner Mitgefangener, den Launen der Wärter und dem Handeln mit «Schore», wie die Waren hier genannt wurden.
Kaufen konnte man alles. Was es offiziell nicht gab, bekam man inoffiziell. Wer genug zahlen konnte, erhielt sogar Schnaps oder Drogen.
Aber der Stumpfsinn, das dauernde Eingesperrtsein, die Hoffnungslosigkeit brachten manchen zur Verzweiflung.
In der Anstalt gab es einen, der hatte schon über zehn Selbstmordversuche innerhalb von zwei Jahren hinter sich. Ein anderer schluckte alles, was er in die Finger bekam: Bestecke, Schrauben, Nägel, Knöpfe, Kugelschreiber, Werkzeug. Alle zwei, drei Monate mußte ihm der Magen aufgeschnitten werden.
Das war der Alltag, der um sechs Uhr morgens mit einem Klingelzeichen begann und um zehn Uhr abends mit dem Ausschalten des Lichts durch das Aufsichtspersonal endete. Werner fragte sich, ob er das zwei Jahre lang durchhalten könne.
Dann kam der Antwortbrief von Petra. Als er ihn in der Hand hielt, zitterte er so stark, daß ihm die

Buchstaben vor den Augen verschwammen. «Lieber Werner», schrieb sie. «Über Deinen Brief habe ich mich riesig gefreut. Nach dem Foto scheinst Du der alte geblieben zu sein, nur siehst Du viel ernster aus als früher. Das ist, nach dem was Du schreibst, nicht erstaunlich. Dagegen habe ich jetzt ein gutes Leben. Das ist mir erst mit Deinem Brief klar geworden. Ich wohne wieder bei meinen Eltern, mit denen ich mich prima verstehe, und besuche inzwischen die elfte Klasse der hiesigen Oberschule. Was ich werden will, weiß ich auch schon, nämlich Lehrerin. Du kannst Dir bestimmt denken, warum: Um es später besser zu machen als die meisten Lehrer, denen wir in der Schule ausgesetzt waren und sind. An Deinem Brief habe ich gemerkt, daß Du sehr unglücklich bist. Das tut mir leid, denn ich glaube, das hast Du nicht verdient. Vielleicht können wir einmal über alles sprechen. Wenn Du willst, daß ich Dich besuche, schreibe mir. Ich würde Dich gern wiedersehen und grüße Dich von Herzen, Deine Petra. P.S.: Ein Päckchen für Dich bringe ich gleich zur Post. Du wirst es hoffentlich in der nächsten Woche erhalten.»
Werner drehte den Brief hin und her, besah ihn sich von allen Seiten und wußte nicht, ob er träumte. Er las den Brief ein zweites und ein drittes Mal, bis er sich des Inhalts ganz sicher war.
Er setzte sich an den Tisch, legte den Kopf auf die

Arme und weinte sich aus. Das Weinen brach aus ihm heraus, es schüttelte seinen ganzen Körper, er mußte weinen, ob er wollte oder nicht, er konnte sich nicht beherrschen. Seit Monaten würgte es ihn in der Kehle, jetzt durchnäßten die Tränen seine Ärmel, und er konnte nicht aufhören. Ihm war, als bestünde sein Körper aus lauter Tränen, die sich angesammelt hatten und heraus mußten.
Lange saß er am Tisch, bis keine Tränen mehr da waren und das Schütteln langsam nachließ. Nach einer Weile stand er auf und wusch sein Gesicht mit kaltem Wasser. Er nahm sich vor, Petra gleich zu antworten.

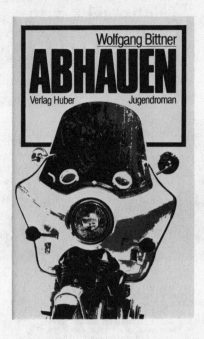

«Ich will und brauche keinen Ersatzvater!» Eigentlich ist der neue Freund seiner Mutter ja ganz in Ordnung, aber so leicht will Mark es ihr nicht machen. Schließlich ist er nicht gefragt worden, als seine Eltern sich vor fünf Jahren scheiden ließen. Ein Buch nicht nur für «Alleinerzogene». Band 418

Ein irisches Schiff mit einer salzigen, stinkenden Fracht macht fest in Emden. Edzard, Ostfriese, hat schnell heraus, was sich hinter dieser scheinbar alltäglichen Hafenszenerie verbirgt: Juwelenschmuggel per Fisch! Ein spannender Krimi in englisch-deutschem Sprachmischmasch. Band 417

Friedrich und Friederike leben da, wo auch die «Vorstadtkrokodile» zu Hause waren: am Rande Dortmunds. Die beiden Fünfzehnjährigen bestehen ihre Abenteuer mit Mut und Einfallsreichtum. Doch ist das noch die alte Kinderfreundschaft? Unmerklich fast ist da etwas Neues zwischen ihnen: Mal zärtlich und vertraut, mal spröde und fremd stehen sie plötzlich einander gegenüber. Band 391

Freek und Bart sind unzertrennliche Freunde. Während der Sommerferien in Dänemark gesteht Bart dem Freund, daß er ihn liebt. Er wisse jetzt, daß er homosexuell sei. Freek reagiert heftig und trennt sich von Bart. Als die Schule beginnt, ist Bart nicht da. Freek fühlt sich schuldig und macht sich auf die Suche . . . Band 427

Jana ist mit ihren Eltern von Ost- nach West-Berlin gekommen. Sie hat es schwer, von der eher solidarischen Welt der DDR in die eher individualistische Welt der BRD überzuwechseln. Sie trauert ihren Freunden und ihrer Heimat nach und merkt, daß sie erst den halben Schritt getan hat. Band 415

In der alten Bergwerkssiedlung ist das Leben nicht mehr friedlich. Die einen sind noch keine richtigen Grauen Wölfe, die anderen noch keine ausgewachsenen Werwölfe. Sie sind erst die Brut. Auch Hava und Jörg geraten in den Sog der Auseinandersetzungen. Band 442

Winter 1941/1942: Leningrad wird seit vier Monaten belagert. Es gibt kein Brot, das Trinkwasser muß aus der vereisten Newa geholt werden, das Leben ist schrecklich mühsam. Aus der Erinnerung an sorglose Tage schöpft Pascha die Kraft, den Tag zu überstehen. Gustav-Heinemann-Friedenspreis 1985. Band 380

C 2288/1

Sie erscheinen in den Statistiken, von ihnen ist in Artikeln und Sendungen die Rede. Wie es den ausländischen Menschen geht, danach fragen nur wenige. Wie fühlt man sich als Grieche hier? Oder als Türke? Muß man sie nicht, um Vorurteile zu überwinden, erst einmal kennenlernen? Band 353

Fünfzehn Millionen Menschen in unserem Land sehen jeden Abend die Tagesschau. Für viele ist sie die einzige Nachrichtenquelle. Kann man das tägliche Weltgeschehen auf 15 Minuten Sendezeit zusammenstreichen? Wie arbeitet die Tagesschauredaktion? Band 302

Geschichten vom großen Herzklopfen, von Traumtypen, Idolen und Vorbildern, vom Fühlen und Kennenlernen, von Schönheit und Angst, von Liebe und Schmerz. Band 356

In unserer Gesellschaft, wo Veränderungen eher mißtrauisch beäugt werden, ist es nicht verwunderlich, daß die Zeit der Pubertät mit Argwohn beobachtet und mit Horror erlebt wird. Dabei könnte sie aber auch eine Quelle der Lust sein. Die Pubertät bietet einen Freiraum und läßt das Experiment noch zu. Band 345

Plötzlich steht Manuel vor Ingeburgs Wohnungstür. Abgehauen. Geflüchtet aus einem unerträglich gewordenen Elternhaus, einem Vater entlaufen, der von seinem Sohn zuviel verlangte. Aber ist die Flucht eine Lösung und darf Manuel seinem Vater Vorwürfe machen? Auch der neue Lebenskreis bringt Probleme, nicht nur für Manuel. – Der unverfälschte Bericht eines Vierzehnjährigen. Band 155

Erzählungen und Berichte von Menschen, die ungehorsam der Kirche und dem Staat gegenüber waren aus christlicher Moral heraus. Die Geschichten sollen zeigen, welche Rolle die Kirche und ihre Funktionäre in der Politik spielten und heute noch spielen und wo im Christentum der Widerspruch gegen die Lebensfeindlichkeit unserer Gesellschaft verankert ist. Band 324

Eine Sammlung von spannenden Geschichten, die von Männern handeln, die mutig oder verwegen wie Störtebeker waren, aber nicht so berühmt geworden sind. Die sich nicht mit Gewalt, aber mit Witz und List und Tücke gegen die Obrigkeit zur Wehr setzten. Band 346

C 2291/1